JN382399

윤희정 글 | 김성영 그림

아이앤북
I&BOOK

머리말

어린 시절, 아침이면 참새들이 지저귀는 소리에 늦잠을 잘 수가 없었어요. 전깃줄에 나란히 앉은 참새들이 조잘대면 저절로 잠이 깼지요.

밤엔 산딸기 서리를 하러 뒷산에 숨어 들었다가 반딧불이가 도깨비불인 줄 알고 얼굴이 새하얗게 질려서 줄행랑을 친 적도 있어요. 그뿐인가요. 여름엔 방학 숙제로 호랑나비를 잡느라 여념이 없었고, 겨울엔 꽁꽁 언 미나리 밭에서 하루 종일 썰매를 타느라 하루 해를 꼬박 보내기도 했지요.

아주 깊은 강원도 산골 이야기냐고요?

아니에요. 제가 살던 곳은 도시였어요. 그렇지만 이십여 년 전의 제 추억은 온통 자연 속에서 지냈던 기억들뿐이랍니다. 물론 지금의 그 곳에는 반딧불이, 산딸기, 미나리 밭, 참새 등이 사라지고 없지요. 그 대신 넓은 도로와 높은 아파트들이 들어서서 전혀 다른 얼굴을 하고 있답니다.

'그 조잘대던 참새들은 모두 어디로 갔을까? 붉은 산딸기는? 그리고 반딧불이는 이제 어디에서 볼 수 있지? 겁도 없이 집 근처 도로 위에까지 뛰어올라 왔던 개구리는?'

이 책은 고향을 떠올릴 때마다 하게 되는 이런 생각에서 출발해 우리 환경을 걱정하는 마음을 담아 쓰게 되었어요.

　환경을 지키는 것은 더불어 사는 '자연'에게도 행복하게 살 권리를 주는 거랍니다. 친구를 배려하듯이 자연을 배려하는 일이지요.
　산에 놀러 가서는 나무가 괴로울까 봐 절대 쓰레기를 두고 오지 않는 것, 하늘이 답답해할까 봐 맑은 공기를 위해 자동차보다는 자전거를 자주 이용하는 일. 이런 작은 실천 하나하나가 내 친구 '자연'과 오래오래 함께 지낼 수 있는 방법이랍니다.
　여러분이 이 책을 읽고 생활 속에서 늘 자연을 생각하는 '어린 환경 지킴이'가 되었으면 좋겠습니다.

윤희정

차례

Chapter 1
땅 · 습지

새들은 모두 어디로 갔을까? · 14
우리나라 숲의 모습
새들이 점점 사라지는 이유
새들이 다시 돌아오게 하려면?

땅이 넓어지면 좋은 게 아닌가? · 20
갯벌이 뭐예요?
갯벌을 살려야 하는 이유
함께 갯벌을 살려요

나무가 없다면 어떻게 될까? · 26
숲이 우리에게 주는 것들
개발이냐, 보존이냐
숲을 지키기 위해 우리가 할 수 있는 일
지구의 허파, 아마존 밀림을 지키자

시베리아 호랑이가 울고 있다고? · 32
시베리아 호랑이는 왜 사라지고 있을까?
어떤 동물들이 사라지고 있나요?
더불어 함께 잘 살기

사막이 옛날에는 초원이었다고? · 38
사하라 사막이 한때 푸른 초원이었다고?
사하라가 사막이 된 이유
사막으로 변하고 있는 땅들
사막으로 변하는 걸 막으려면?

망둥이 등이 왜 굽었을까? · 46
망둥이는 왜 이상하게 변했을까?
무시무시한 미나마타 병
산과 강 오염의 진짜 범인, 산업 폐기물
다시 바다를 깨끗하게 하려면?

펭귄은 어디로 이사를 해야 하지? · 52
펭귄은 갈 곳이 없어요
위기에 처한 지구
왜 지구의 온도가 올라가지?

바다색이 빨갛고 까맣다고? · 58
바다가 왜 검붉게 변하는 걸까?
세계의 적조 현상
적조 현상을 막으려면?

Chapter 2
물·빙하

비버는 왜 화가 났을까? · 64
비버의 편지
댐도 장점을 갖고 있어요.
댐 건설, 무엇이 문제일까?
환경을 생각하는 댐 건설

물이 부족해질 날이 곧 올 거라고? · 70
물 전쟁이 정말 일어날까?
물 전쟁을 막으려면?
우리는 이렇게 물을 사용하고 있어요

차례

Chapter 3
하늘·공기

하늘에 구멍이 났다고? · 78
오존층이란?
오존층이 무슨 일을 하나요?
오존층에 왜 구멍이 나죠?
오존층을 다시 회복시키는 방법

분홍색 눈이 내린다고? · 84
눈과 비는 어떻게 만들어질까?
노란색 눈, 분홍색 눈
산성비, 산성 안개

황사는 왜 생기는 걸까? · 90
황사가 뭐예요?
황사를 막을 방법은 없나요?
황사로 생기는 질병과 예방 요령

계절이 뒤죽박죽이라고? · 96
계절에 이상이 생겼어요
지구 온난화란?
지구의 열을 내리는 방법은?

폭우 때문에 견우와 직녀가 못 만난다고? · 102
이상 기온 현상은 왜 생기는 걸까요?
엘니뇨와 라니냐
세계의 기상 이변 현상

그 많은 쓰레기는 어디로 갈까? · 110
쓰레기란?
쓰레기는 잘 사라지지 않는다
쓰레기를 줄이는 다양한 방법

쓰레기를 판다고? · 116
우리나라 쓰레기의 양
쓰레기도 자원이 될 수 있다
쉽게 재생할 수 있는 쓰레기들

소음도 공해라고? · 122
소음이란?
무시무시한 소음
우리 생활 속의 소음들
소음을 줄여요

돈 안 들이고 에너지를 만들 수는 없을까? · 128
에너지가 정말 바닥날 때가 오나요?
어떤 에너지를 만들어 써야 할까?
우리가 꿈꾸는 무공해 마을

방사능이 무시무시한 거라고? · 134
방사능이란?
체르노빌 사건
핵 폐기물 처리 방법

Chapter 4
생활 · 에너지

땅·습지

Chapter 1

새들은 모두 어디로 갔을까?

땅이 넓어지면 좋은 게 아닌가?

나무가 없다면 어떻게 될까?

시베리아 호랑이가 울고 있다고?

사막이 옛날에는 초원이었다고?

새들은 모두 어디로 갔을까?

"딱따다다다."

큰오색딱따구리가 나무에 구멍을 내기 시작했어요. 동그란 구멍을 뚫고 나면, 딱따구리는 나무 속에 숨은 벌레를 콕 잡아먹지요. 나무는 자기 몸을 갉아먹던 벌레가 사라지니 온몸이 개운해지는 것 같았어요.

"딱따구리야, 고마워."

바람결에 나뭇가지가 하늘거렸어요. 나무가 손을 흔들어 주는 거예요.

하지만 청서는 딱따구리가 싫었어요.

"으이구, 또 저 소리. 정말 듣기 싫어."

나무 위에 사는 청서는 귀를 틀어막으며 소리를 질렀어요.

"제발 조용히 좀 할 수 없어? 시끄러워 살 수가 없잖아!"

"딱따다다다."

나무를 쪼던 딱따구리는 멋쩍은 표정으로 날아갔어요. 청서가 싫어하는 건 딱따구리뿐만이 아니었어요.

"찌르르배쫑."

동박새가 나무 사이를 날아다니면 또 어디선가 청서가 나타나 소리쳤

어요.

"왜 하필 내가 눈여겨 둔 열매를 먹는 거야? 저쪽으로 가 버려!"

청서는 숲 속의 새들이 영 마음에 들지 않았어요. 청서의 먹이인 나무 열매를 쪼아 대는 것도 미웠고, 하루 종일 희한한 소리를 내며 날아다니는 것도 성가셨지요.

'새들이 없다면 숲에서 좀더 신 나게 살 수 있을 텐데.'

청서는 나무 위에 앉아 딱다구리가 다른 데로 이사 가게 해 달라고 기도했어요.

그러던 어느 날이었어요. 참 신기한 일이 일어났어요. 숲 속에 울려 퍼지던 딱따구리 소리가 더 이상 들리지 않는 거예요.

아무리 기다려도 '딱따다다다.' 하던 딱따구리 소리가 들리지 않았어요.

'이상하네. 나 때문에 이제 나무 쪼는 일을 그만둔 걸까?'

청서는 호기심에 밖으로 나가 보았어요. 숲 여기저기를 둘러보았지만 큰오색딱따구리는 보이지 않았어요.

청서는 고개를 갸우뚱거렸어요. 하지만 이내 나무 위를 신 나게 뛰어다녔어요.

"얼마나 좋아. 그 지겨운 딱따구리 소리를 듣지 않아도 되니."

그런데 신기한 일은 또 일어났어요.

"찌르르배쫑." 하고 울던 동박새의 소리도 어느 날부터인가 들리지 않는 거예요.

'이상해. 나 때문에 다른 곳으로 먹이를 찾아간 걸까?'

동박새는 어디에도 보이지 않았어요. 청서는 고개를 푹 떨구었어요. 사실 동박새 소리는 참 듣기 좋았거든요. 하지만 청서는 이내 나무 위를 신 나게 뛰어다녔어요.

"얼마나 좋아! 이 숲 속 나무 열매는 모두 내 거야!"

어느새 숲 속에는 청서의 바쁜 발걸음 소리만이 울려 퍼졌어요. 하지만 청서의 행복은 오래 가지 않았어요.

"아얏!"

청서는 나무 위에서 발을 헛디뎌 그만 다리를 다치고 말았어요. 나뭇가지가 썩은 줄도 모르고 방심한 탓이었어요. 순간 나무가 울상이 되었어요.

"하마터면 큰일날 뻔했어. 조심해. 요즘 우리 몸이 성한 데가 없어."

"왜?"

청서는 다친 다리를 움켜쥐고 물었어요.

"예전에는 딱따구리가 썩은 곳을 부리로 쪼아내거나 나쁜 벌레를 잡아 줘서 가지가 튼튼했었지. 그런데 새들이 떠나고 나니 몸이 자꾸 아파."

나무는 청서에게 하소연을 늘어놓았어요. 벌레를 잡아 주던 새들도 사라지고, 언제부턴가 물도 부족해져서 마음껏 영양을 섭취할 수가 없다고요.

"도대체 새들은 왜 떠난 거야?"

청서가 호기심이 가득한 눈으로 나무에게 물었어요.

"살기가 힘들어서 그렇지. 숲으로 흘러오는 물길을 사람들이 다 끌어다 쓴 이후로 여긴 물이 너무 부족해. 게다가 산 위에까지 올라오는 사람들의 소음 때문에 더 이상 이곳에서 살기가 힘들었을 거야."

나무가 아프니 열매도 많이 줄어들었어요.

'새들이 없으면 신 날 줄 알았는데.'

딱따구리와 동박새가 떠나고 난 숲은 엉망이 돼 가는 것 같았어요.

"딱따악 따다다다다."

"찌르르배쫑."

청서는 오늘따라 시끄럽기만 하던 새들의 소리가 그리웠어요. 그리고 덜컥 겁이 났답니다. 어디든 적응을 잘 하는 청서도 이 숲에서 더 이상 살기 어려울 날이 올지도 모르니까요.

🌱 우리나라 숲의 모습

우리나라는 어느 나라보다 산림이 많은 나라였어요. 전 국토의 10분의 7이 숲이라고 할 정도였죠. 하지만 한국 전쟁 이후로 숲의 나무를 많이 베어 냈어요. 땔감으로 쓰거나 여러 가지 산업에 이용하느라 마구잡이로 나무를 베어 낸 거예요. 그렇게 줄어 들기 시작한 숲은 우리가 환경에 관심을 가지면서 다시 살아나기 시작했답니다.
하지만 지금 숲을 둘러보세요. 나무들은 까맣게 타 들어가고, 흔히 볼 수 있던 새와 동물들은 점점 사라져서 보이지 않아요.

숲의 나무가 예전처럼 울창하게 성장하지 못하는 이유는 도대체 뭘까요?

① 숲을 없애고 도로와 터널을 만들죠. 그뿐인가요, 골프장, 스키장 등을 만드느라 숲이 온전히 남아 있지 않아요. 한 마디로 동식물의 터전이 사라져 버리는 거예요.
② 나무에 해를 끼치는 벌레를 잡으려고 사람들은 농약을 마구 뿌려요. 그로 인해 내린 산성비 때문에 나무들이 누렇게 변해 버린답니다.

🌱 새들이 점점 사라지는 이유

철새(개똥지빠귀)

새들은 점점 삶의 터전을 잃어 가고 있어요. 새들이 살기 위해서는 깨끗하고 조용한 숲 속 환경이 필요하답니다.
새들은 깃에 묻은 기생충을 씻고 목욕을 하기 위해 깨끗한 물이 필요해요. 하지만 땅속에 있는 지하수를 마구 개발하고, 약수터의 물 한 방울까지 사람들이 다 차지하는 바람에 정작 새들이 마실 물은 부족해요. 게다가 부족한 물마저 오염되어 마실 수 없으니 새들이 떠날 수밖에 없지요.
그리고 사람들과 도시의 시끄러운 소음은 특히 새들이 알을 낳을 때 스트레스를 줘서 번식을 어렵게 해요. 철마다 찾아오는 철새들은 다음 해에 오기를 꺼려 점점 그 수가 줄어드는 거예요.

새들이 다시 돌아오게 하려면?

사람들은 자연과 함께 산다는 생각을 못 해요. 마치 우리끼리 사는 것처럼 금세 잊어버리죠.

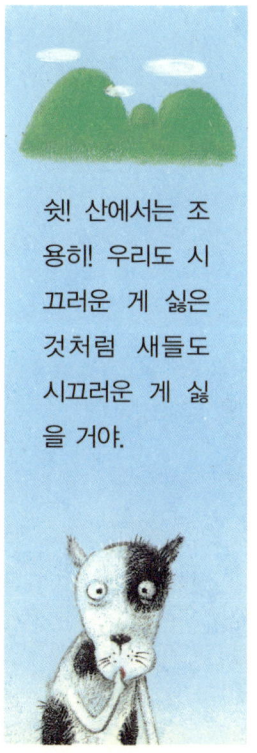

쉿! 산에서는 조용히! 우리도 시끄러운 게 싫은 것처럼 새들도 시끄러운 게 싫을 거야.

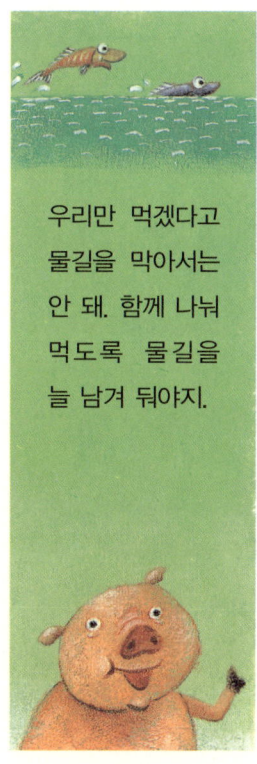

우리만 먹겠다고 물길을 막아서는 안 돼. 함께 나눠 먹도록 물길을 늘 남겨 둬야지.

무엇보다 숲을 마구잡이로 파헤치면 안 되겠지? 머지않아 새소리를 들을 수 없게 된다면 얼마나 삭막할까.

땅이 넓어지면 좋은 게 아닌가?

"큰일이야, 큰일!"

게가 얼굴이 하얗게 질린 채 갯벌로 뛰어왔어요. 겁도 없이 마을까지 기어가더니 이제야 돌아온 거예요. 게는 숨이 차 말을 이을 수가 없었어요. 옆에 있던 조개는 다 알고 있다는 듯 씨익 웃었어요.

"역시 갯벌이 가장 좋지? 마을에 가면 사람들 발에 밟혀 죽을 수도 있다고."

게는 답답하다는 듯 여러 개의 다리를 동동 구르며 말했어요.

"그, 그게 아니라 엄청난 소식을 듣고 왔어. 우리가 사는 갯벌이 곧 사라질지도 모른대."

"그게 무슨 소리야? 우리가 사는 곳이 없어지다니?"

그제야 갯벌 친구들이 게의 주위로 하나둘 모여들기 시작했어요.

"어디에서 그런 엉터리 소문을 들은 거야?"

"아니, 그게 사실이면 우리는 어디에서 살라고?"

그러자 그 틈에 끼어 있던 갯가재가 시큰둥하게 말했어요.

"나도 이미 들었어. 갯벌을 메워 땅을 넓힌대. 땅이 넓어지면 공장도 만들고, 집도 세우고 좋지, 뭐."

"으이구, 이 바보. 지금 당장 우리가 죽게 생겼는데 그런 말이 나와?"

"맞아. 우리가 갯벌이 아니면 어디에서 살아?"

갯가재는 친구들에게 핀잔만 들었어요. 갯가재는 머리를 긁적거렸어요. 생각해 보니 갯벌이 사라지면 당장 갯가재도 갈 곳이 없었어요.

이 모든 이야기를 듣고 있던 낙지는 몸을 축 늘어뜨린 채 아무 말도 하지 않았어요. 화가 나서 견딜 수가 없었죠.

'갯벌에 사는 이 많은 친구들은 다 어디로 가란 말이야?'

낙지는 상상해 보았어요. 갯벌이 딱딱한 시멘트로 뒤덮인 모습을 말이에요. 그건 생각만 해도 무척 끔찍한 일이었어요. 갯벌을 메우기 시작하면 숨 쉬는 것조차 어려워질 거예요. 그리고 물새들도 더 이상 이곳을 찾아오지 않을 거예요.

'이대로 앉아서 당할 수는 없어.'

갑자기 진흙 속에서 낙지가 다리를 번쩍 들어 올렸어요.

"모두 내 말 좀 들어 봐."

평소 말이 없기로 소문난 낙지가 입을 열자 모두들 깜짝 놀랐어요. 그러고는 귀를 쫑긋 세우고 낙지가 무슨 말을 할지 기다렸지요.

"우리도 소송을 하자. 우리 권리를 찾자고."

그 말은 갯벌을 메우려는 사람들과 싸우자는 말이었지요.

"말도 안 되는 소리, 우리가 무슨 힘이 있다고."

모두들 고개를 절레절레 저었어요. 하지만 딱 한 식구, 갯지렁이는 낙지의 말에 고개를 끄덕였어요.

"맞아. 우리의 목숨이 걸린 문제인데 가만히 앉아 당할 수는 없어. 게다가 갯벌은 우리만 지켜야 하는 게 아냐. 사람들에게도 꼭 필요한 땅이라고. 사람들은 육지에서 흘러내려온 온갖 오염 물질을 갯벌이 전부 분해해 준다는 사실을 왜 모르지?"

갯지렁이의 말에 모두들 옳거니 손뼉을 쳤어요. 갯벌을 지킬 수도 있겠다는 희망이 생겼지요. 갯지렁이의 말은 다시 이어졌어요.

"그리고 다른 지역의 갯벌 이야기도 들려 주자고."

"어떤 이야기?"

모두들 갯지렁이의 얼굴을 쳐다보았어요. 갯지렁이는 잠시 표정이 어두워지더니 옛날 할머니에게 들었던 이야기를 들려 주었어요.

"갯벌을 억지로 메웠던 땅에서는 안 좋은 일들이 계속 일어났대. 주변 바다에서는 물고기 수가 엄청나게 줄기 시작했고, 하천은 심각할 정도로 썩었지."

갯지렁이의 이야기에 모두들 몸을 부르르 떨었어요. 정말 무시무시한 이야기였어요.

그때 해가 지고, 빨간 저녁놀이 갯가에 퍼졌어요. 무척 아름다운 풍경이었어요. 모두 넋을 잃고 바닷가를 보며 한 마디씩 했어요.

"이렇게 아름다운데 그냥 두면 얼마나 좋을까."

"사람들이 우리의 소중함을 조금이라도 알아 주면 좋겠어."

"함께 살아야 더 행복할 수 있다는 걸 어떻게 설명해야 하지?"

그 순간에도 잔뜩 물기를 머금은 갯벌의 품에서는 많은 생명들이 태어나고 있었어요. 꼬물꼬물 갯벌 위의 어린 생명들이 조그만 숨을 내쉬면서 말이에요.

갯벌이 뭐예요?

갯벌

땅은 여러 가지 얼굴을 하고 있어요. 산처럼 높이 솟아올라 있는가 하면 물이 고인 논이 되기도 하고, 단단한 시멘트로 덮여 아스팔트 도로가 되기도 하죠. 그중에서 바다와 땅의 중간 지대인 해안가의 습한 땅을 갯벌이라고 해요.

갯벌은 그냥 보면 쓸모 없는 땅 같아 보여요. 아름다운 해수욕장의 반짝이는 모래 사장도 아니고, 논밭처럼 곡물을 심어 기를 수 있는 것도 아니니까요. 그래서 사람들은 넓은 갯벌을 메워서 땅을 넓히려고만 해요. 하지만 그건 갯벌의 중요성을 전혀 모르고 하는 이야기랍니다.

갯벌을 살려야 하는 이유

갯벌이 사라지는 것은 아주 위험한 일이에요. 갯벌은 결코 쓸모 없는 땅이 아니거든요. 우선 갯벌은 수많은 생물들의 삶의 터전이에요. 갯벌에는 강에서 내려온 영양분과 광합성에 필요한 넉넉한 햇빛 덕분에 갖가지 식물성 플랑크톤과 해조류가 많이 자라

| 알아두기 |
경남 창녕의 우포늪에는 끈끈이주걱을 비롯해 가시연꽃, 자라풀 같은 백 가지도 넘는 식물이 자라고 있어요. 또 천연기념물 큰고니와 노랑부리저어새도 살고 있지요.

고 있어요. 그래서 온갖 종류의 게들과 따개비, 가재, 조개 등이 살기에 아주 좋지요. 세계적으로 갯벌에 살고 있는 생물만 해도 3만 2천여 종이나 된다고 해요. 또 많은 천연기념물이 살고 있는 곳이기도 하지요.

또한 갯벌은 오염된 환경을 깨끗하게 걸러 주는 역할을 해요. 땅에서 나온 각종 오염 물질은 결국 갯벌에 쌓이게 되고 갯벌 안에 있는 다양한 생물들에 의해 섭취되고 분해되지요.

갯벌은 그냥 있는 것처럼 보이지만 자연과 사람에게 끼치는 혜택은 아주 크답니다. 이렇게 중요한 갯벌이 파괴되고 나면 많은 자연이 꼬리에 꼬리를 물고 숨쉴 수 없게 된다는 사실을 사람들은 정말 모르고 있는 것일까요?

함께 갯벌을 살려요

현재 전 세계의 갯벌은 약 절반이 사라져 버렸어요. 그리고 남아 있는 갯벌마저도 각종 공해와 오염 물질로 죽어 가고 있어요. 이대로 가다가는 지구 전체가 병들겠다는 생각에 사람들은 뒤늦게 갯벌, 늪과 같은 습지를 보호하기 위한 약속을 만들었어요. 람사협약(물새 서식지로서 국제적으로 중요한 습지의 보존에 관한 국제협약)은 이렇게 시작되었어요. 람사협약은 습지에 서식하는 물새들을 보호하기 위해 애쓰고 있어요. 우리나라의 경우, 순천만의 갯벌은 현재 보존 상태가 좋아 희귀한 새들이 많이 날아와요. 멸종 위기에 처한 새들이 이 갯벌 때문에 다시 보금자리를 찾게 된 거지요.

나무가 없다면 어떻게 될까?

"또야?"
"으이쿠, 이 지긋지긋한 소리!"
느티 마을 동물들은 귀를 틀어막으며 소리쳤어요.
"드드르륵, 드르르르."
배꽃 마을에 또 공사가 시작된 거예요. 이번에는 골프장을 만든다며 산허리를 뚝딱 잘라 내고 있었어요. 한 해 전에는 마을 앞으로 고속도로를 낸다며 터널을 뚫는 바람에 배꽃 마을 나무의 절반이 사라져 버렸지요. 두 해 전에는 아파트 단지를 만드느라 숲 하나가 완전히 사라져 버린 적도 있었어요.
"세상에, 그 크던 산 하나가 순식간에 사라져 버렸네."
"그렇게 예쁜 배꽃도 이제는 볼 수가 없겠군."
느티 마을에 살던 여우는 씁쓸한 표정을 지었어요. 배꽃 마을에 꽃이 피기 시작하면 그 향기는 느티 마을에까지 퍼지고는 했어요. 밤마다 하얀 배꽃이 눈부셔서 잠을 이룰 수 없을 정도로 낭만적이었지요.
"이제 배꽃 마을은 없어."
느티 마을 동물들은 산이 사라지고 나무가 쓰러질

때마다 마음이 아팠어요. 하지만 이런 속도 모르고 배꽃 마을 동물들은 이렇게 떠들었어요.

"느티 마을도 이제 개발을 시작하는 게 어때요?"
"맞아요. 숲이 울창하면 공기야 좋겠지만 그것뿐이잖아요. 개발을 하면 마을이 훨씬 살기 좋아진다니까요."

배꽃 마을 동물들은 두 마을을 직선으로 잇는 근사한 도로도 내자며 꾀었어요. 그럴 때마다 느티 마을 동물들은 손사래를 쳤지요.

"지금도 좋은걸, 뭐."

느티 마을 동물들은 마을 입구의 아름드리 느티나무와 푸르른 숲을 다른 무엇과도 바꿀 수가 없었어요.

그렇게 몇 년이 지나 배꽃 마을과 느티 마을에 아주 큰비가 내렸어요. 비는 그칠 줄 모르고 밤낮으로 쉬지 않고 내렸어요.

"내 평생 이렇게 많은 비는 처음이야."
"정말 무시무시해. 마치 빗줄기가 온 땅을 마구 때리는 것 같아."

두 마을 동물들은 모두 일손을 놓고 굵은 빗줄기만 바라보았어요.

그런데 며칠 후 정말 끔찍한 일이 일어났어요.

"모두 피해! 사, 산이 무너지고 있어!"

배꽃 마을에서 비명 소리가 터져나왔어요. 잦은 공사로 잘려 버린 산허리가 무너져 내리면서 마을의 집과 도로들을 덮친 거예요. 산 아래 있던 집과 터널을 지나던 자동차들은 눈 깜짝할 새 흙더미에 깔리고 말았죠.

그뿐만이 아니에요. 갑자기 불어난 물에 어느새 마을이 점점 잠기고 있었어요. 도시가 된 배꽃 마을이 물에 잠기는 것은 순식간이었답니다.

하지만 비는 쉽게 그치지 않았어요. 어른들은 모두 100년 만에 내리는 엄청난 비라며 걱정을 늘어놓았지요. 몇 날 밤을 보내고 난 후에야 겨우 비가 그쳤어요. 물에 잠겼던 배꽃 마을도 서서히 모습을 드러냈지요. 배꽃 마을에 사는 족제비와 멧돼지는 투덜대며 집 정리를 했어요.

"이 정도의 비에 마을이 잠겨 버리다니."

"도대체 왜 우리 마을만 이렇게 된 거야?"

옆에 있는 느티 마을은 이번 홍수 때 별로 피해가 없었답니다. 나무 몇 그루 쓰러진 것 외에는 말이에요.

"할머니, 왜 우리 마을은 멀쩡하죠? 배꽃 마을은 엉망이 됐는데."

어린 여우가 할머니에게 물었어요. 할머니 여우는 빙그레 미소를 지으며 말했어요.

"우리가 나무를 사랑한 덕분이지. 이렇게 큰비가 오면 나무들이 물을 빨아들여 피해를 줄여 주지. 그뿐인 줄 아니? 서로 엉킨 나무 뿌리들이 산사태가 일어나는 걸 막아 준단다. 어때, 나무가 하는 대단한 일을 이제 알겠니?"

그 후로는 배꽃 마을에서 '드르르륵.' 공사하는 소리가 들리지 않았어요.

"자, 지금부터는 우리 마을의 자연을 그대로 놔 두자고. 그리고 다시 나무를 심어야겠어."

배꽃 마을 동물들은 다시 숲을 만드는 데 엄청난 돈을 써야 했답니다. 그나저나 배꽃 마을에 또 홍수가 나면 어떡하지요? 나무가 다시 크는 데는 아주 긴 시간이 필요하거든요.

숲이 우리에게 주는 것들

숲이 사람에게 주는 혜택은 아주 많답니다. 사계절이 뚜렷한 우리나라는 봄이면 노랗고 붉은 꽃잔치, 여름이면 푸르른 녹음, 가을이면 단풍, 겨울이면 하얀 눈꽃으로 주위를 아름답게 해주지요. 하지만 숲의 고마움은 그뿐만이 아니에요.

숲은 물을 빨아들여 홍수의 피해를 줄여 주고, 나무 뿌리들끼리 단단하게 얽혀 있어 산사태를 막아 주지요. 게다가 나무에서 내뿜는 산소는 공기를 맑게 해줘요.

이렇게 소중한 숲을 마구잡이로 훼손하면 배꽃 마을처럼 산사태나 홍수가 일어나기 쉽답니다.

개발이냐, 보존이냐

지금 지구는 자연을 그대로 보존할 것이냐, 계속 개발할 것이냐로 몸살을 앓고 있어요. 우리나라만 해도 터널을 뚫을 때나 간척지를 만들 때마다 환경을 파괴하는 일이라며 막는 사람과 개발을 하려는 사람들 간의 갈등이 끊이지 않는답니

홍수

다. 개발을 할수록 우리 주변의 산들이 깎이고 사라져 갑니다. 지나친 욕심으로 배꽃 마을처럼 낭패를 당하지 않도록 환경에 더욱 관심을 기울여야 해요. 개발은 지금 당장은 우리에게 이익을 주는 것 같지만 머지않아 산사태, 홍수 등의 재앙으로 되돌아 올지도 모르니까요.

숲을 지키기 위해 우리가 할 수 있는 일

나 혼자의 힘으로 큰 산을, 거대한 밀림을 지킬 수는 없지만 모두가 같은 마음으로 주변을 돌본다면 아직 희망은 있답니다.
우선 지금 자라고 있는 나무들이 산불로 사라지는 일이 없도록 해야 해요. 산에 가서 불장난은 절대 하지 말아야겠죠? 산불이 한 번 나면 다시 회복하는 데 50여 년이 걸린답니다. 숲이 사라지면 그 안에 사는 동물과 식물들도 당연히 사라지게 돼요. 그리고 식목일에는 작은 묘목을 심어 보세요. 또 하나, 나무들이 좋은 양분을 먹고 자랄 수 있도록 숲에 쓰레기는 절대로 버리지 말아요.

지구의 허파, 아마존 밀림을 지키자

큰 나무들이 빽빽하게 들어선 숲을 흔히 밀림이라고 해요. 특히 세계적으로 아마존 밀림이 유명하지요. 밀림은 대부분 적도를 중심으로 동남아시아, 중부아프리카, 남아메리카의 아마존 강 유역 등에 발달해 있어요.
밀림은 동식물이 살기에 가장 적합한 환경이에요. 그래서 이들 밀림에는 세계 동식물의 30%가 살고 있을 정도랍니다. 게다가 울창한 숲에서 전 세계 산소의 20~25%를 배출하고 있어요. 지구의 오염된 공기를 깨끗하게 해주는 지구의 허파인 셈이지요. 하지만 이런 밀림 역시 개발 때문에 점점 사라지고 있어요.

시베리아 호랑이가 울고 있다고?

빽빽한 자작나무 숲 사이로 늑대가 나타났어요. 번득거리는 눈빛은 먹잇감을 쫓고 있었지요. 마침 저쪽 바위 옆에서 토끼 한 마리가 주위를 두리번거리고 있었어요.

'찾았다! 한달음에 달려가 너를 먹어 주지. 흐흐.'

늑대는 주린 배를 움켜쥐고 달려나갈 태세를 취했어요.

그런데 그때였어요. 갑자기 커다란 무언가가 바람처럼 토끼에게 달려들었어요. 그건 너무나 순식간에 일어난 일이었어요. 토끼를 입에 물고 사라진 것은 바로 호랑이였어요. 늠름하고 빠르기로 소문난 시베리아 호랑이였지요.

'에잇, 또 빼앗겼어. 난 정말 시베리아 호랑이가 싫어. 저놈 때문에 내가 먹을 게 점점 줄어들잖아.'

늑대는 속이 상해 견딜 수가 없었어요. 무엇으로도 이길 수 없는 시베리아 호랑이는 그야말로 이 숲 속의 왕이었답니다.

'호랑이만 없어도 내가 좀더 편하게 살 수 있을 텐데.'

늑대는 시베리아 호랑이만 사라져 준다면 더 이상 바랄 게 없다고 생각했어요.

"어흥, 어흥."

멀리서 시베리아 호랑이의 울음소리가 들렸어요. 늑대는 짜증스러운 듯 귀를 꼭 틀어막았어요.

"저 소리 좀 안 듣고 살 수 없을까?"

혼자말을 하던 늑대의 머릿속에 마침 멋진 생각이 떠올랐어요.

"그래, 바로 그거야!"

늑대는 얼마 전 숲 속에서 사람들이 나누는 대화를 듣게 되었어요. 사람들은 온통 시베리아 호랑이 이야기만 했지요.

"호랑이 한 마리만 잡으면 엄청난 돈을 벌 수 있어."

"호랑이 뼈가 몸에 얼마나 좋은지 알지? 부르는 게 값이라고."

늑대는 사냥꾼들이 시베리아 호랑이를 잡아갈 수 있도록 돕기로 했어요. 그러면 힘들이지 않고 호랑이를 이 숲에서 사라지게 할 수 있으니까요. 호랑이가 사라지면 이 숲은 늑대의 차지가 되는 거지요. 어느새 늑대의 얼굴은 환하게 밝아졌어요.

"음하하하하, 음하하하."

늑대는 곧바로 시베리아 호랑이를 찾아다니기 시작했어요. 그리고 호랑이를 발견하면 큰 소리를 내어 사람들에게 호랑이가 있는 곳을 알려 주었지요.

"여기 시베리아 호랑이가 있다!"

사냥꾼들은 보통 실력이 아니었어요. 시베리아 호랑이를 발견하면 첨단 사냥 장비로 순식간에 호랑이를 쓰러뜨렸지요. 늑대는 멀리서 호랑이가 잡혀가는 걸 지켜 보았어요. 기절했는지 축 늘어진 호랑이를 몇 명의 남자들이 들고 내려가고 있었어요.

늑대는 그 뒤로도 호랑이가 잡혀가는 걸 수없이 지켜 보았어요. 철창에 갇힌 호랑이, 사냥꾼들에게 저항하다 이빨이 부러진 호랑이, 이들은 더 이상 늠름하게 숲 속을 달리던 호랑이들이 아니었지요. 호랑이들은 모두 슬픈 눈으로 숲을 돌아보며 떠나갔어요. 그 순간 늑대의 마음이 아릿해졌어요.

'내가 너무했나?'

하지만 그런 생각은 아주 잠시뿐이었어요. 늑대의 소원대로 호랑이가 숲에서 거의 사라졌으니까요.

"이제 내 세상이다."

늑대는 씨익 미소를 지었어요. 앞으로는 호랑이에게 먹잇감을 빼앗길 일도 없고, 호랑이 앞에서 괜히 주눅들 필요도 없었지요.

하지만 숲에서 사냥꾼들의 대화를 엿듣던 늑대는 깜짝 놀랐어요.

"호랑이는 점점 찾기가 어려우니 이제 늑대 사냥을 해야겠어."

"그래. 늑대를 찾는 사람들이 꽤 있다니까. 박제를 해도 좋고, 동물원에 팔아도 좋지."

늑대는 그 말에 벌벌 떨었어요. 사냥꾼들의 총이 이제 자신을 향할 거라고 생각하니 무서워서 숲 속을 돌아다닐 수가 없었어요.

'시베리아 호랑이가 사라지면 행복할 줄 알았는데.'

사람들은 이제 늑대를 향해 총을 쏘기 시작했어요. 늑대는 호랑이보다 사람을 가장 무서워하게 되었지요.

'호랑이가 사라졌듯이 우리도 이 숲에서 사라지는 건 아닐까?'

지금도 숲 속의 늑대들은 사람들과 한바탕 전쟁을 벌이고 있답니다.

🌱 시베리아 호랑이는 왜 사라지고 있을까?

현재 지구상에는 약 3,000만 종의 다양한 생물들이 살고 있어요.
하지만 이중 수많은 생물들이 우리가 모르는 사이 지구상에서 빠른 속도로 사라지고 있답니다. 지나친 개발로 자연이 오염되어 생물이 살기 힘들어졌을 뿐만 아니라, 동물들을 보호하기는커녕 사람의 욕심으로 사냥을 하기 때문이에요.
상아가 비싼 값에 팔리기 시작하면서 코끼리를 마구 잡아들였던 것은 이미 잘 알려진 일이죠. 그 외에도 사람들은 코뿔소의 뿔, 호랑이의 뼈 등이 몸에 좋다고 동물들을 마구 잡아들이고 있어요. 이 동물들은 이제 멸종 위기에 처해 있기 때문에 사냥을 하면 안 된답니다.
하지만 사람들은 지금도 불법으로 사냥을 해서 자신의 이익을 채우려 하고 있어요.

🌱 어떤 동물들이 사라지고 있나요?

전문가들은 1년에 약 2만여 종의 생물이 멸종되고 있다고 해요. 2050년까지는 지구상의 생물 중 20~30%가 멸종될 것이라고 해요.
우리나라에서는 반달가슴곰, 수달 등이, 가까운 중국에서는 자이언트 판다가 멸종 위기에 처해 있지요.

멸종 위기의 동물들
가비알악어 / 앵무새 / 여우 / 표범 / 큰바다사자

🌱 더불어 함께 잘 살기

1900년대 초 아프리카 빅토리아 폭포에 발전소를 세우려는 계획이 있었어요. 물을 이용해서 돈을 벌려는 생각이었지요. 그러나 환경 운동가들의 반대로 그 계획은 이루어지지 않았어요. 그후 빅토리아 폭포는 어떻게 되었을까요?

지금은 세계적인 관광명소가 되어 발전소를 세워 얻을 수 있는 수입보다 무려 수십 배나 더 많은 수입을 올리고 있답니다. 빅토리아 폭포의 장엄함과 그 주위에 사는 희귀한 생물들이 관광 자원이 되어 많은 관광 수입을 올리게 된 것이지요.

자연 환경을 보호하는 것은 생물들을 보호하는 길일 뿐만 아니라 우리도 함께 더불어 잘 살 수 있는 길이랍니다.

▼ 빅토리아 폭포

사막이 옛날에는 초원이었다고?

나는 사막이에요. 식물이 거의 살지 못하는 모래투성이지요. 오늘은 화가 나서 아무 말도 하고 싶지 않답니다. 정말 속상한 일이 생겼거든요. 그런데 사막을 건너던 낙타는 못내 궁금한가 봐요. 자꾸만 나에게 말을 걸어요.

"왜 그래, 무슨 일 있었어?"

마른 풀을 찾던 다른 낙타도 한 마디 거들었어요.

"맞아. 화가 잔뜩 난 것처럼 무서워 보이는걸?"

하지만 나는 굳게 입을 다물었어요. 그렇지 않으면 엉뚱한 곳에 화풀이를 할 것 같았거든요. 낙타 두 마리는 가만히 내 얼굴을 들여다보았어요. 나는 갑자기 울음이 터지려고 했어요. 그래서 그만 소리를 지르고 말았어요.

"오아시스가 또 사라져 버렸어!"

낙타들은 그제야 이유를 알았다는 듯 고개를 끄덕였어요. 그건 내 주변에 얼마 남지 않은 친구를 또 잃어버렸다는 뜻이에요. 모래 언덕과 모래 바람, 이제 그것 말고는 나에게 남아 있는 게 아무것도 없답니다.

난 예전에 이런 모습이 아니었어요. 아주 오랜 옛날, 나도 한때는 정말 아름다운 땅이었답니다. 강이 흐르고 나무들이 우거진 그런 땅 말이에요. 게다가 풀을 뜯는 소 떼들과 덩치 큰 코끼리에 이르기까지 친구들도 많았어요. 당연히 그때 내 이름은 '사막'이 아니었고요.

하지만 사람들과 함께 살기 시작하면서 문제가 생겼어요.

"나무가 턱없이 모자라. 내일은 저쪽에 있는 나무를 벌목해야겠어."

사람들은 나무를 마구마구 베어 냈어요. 집을 만들고 땔감을 얻느라 나무는 남아나질 않았죠.

"이봐요! 무턱대고 그렇게 베어 버리면 우리는 엉망이 돼 버려요! 나무가 많아야 땅도 기름지게 되는 거라고요!"

나는 잔뜩 화가 나서 목소리를 높였어요. 하지만 아무 소용 없었어요.

"그게 나랑 무슨 상관이야. 난 나무가 필요하니까 내가 하는 일에 참견 마."

사람들은 대수롭지 않다는 듯 있는 대로 나무를 베어 버렸어요. 그리고 양이며 소며 가축들을 풀어 놓고 기르기 시작했어요. 세상에, 가축들은 아주 순식간에 내 땅에 자라던 그 많던 풀들을 뿌리째 뽑아 먹더군요.

나는 사람들에게 또다시 불만을 털어놓았어요.

"당신들이 기르는 가축들 때문에 내 모습이 엉망이 돼 가고 있어요. 나무며 풀이며 다 뽑아 버리면 어떡해요. 나도 좀 쉬어야 한다고요. 그래야 기름진 땅에서 살 수 있다는 걸 몰라요?"

하지만 내 말은 사람들에게 통하지 않았어요. 게다가 엎친 데 덮친 격으로 그즈음 오래도록 비도 내리지 않았지요. 결국 얼마 못 가 내 얼굴은 지금처럼 황량한 모습으로 바뀌어 버렸어요. 식물들이 아예 살 수 없는 푸석푸석한 땅이 되고 말았죠.

나는 말을 끝내고는 한숨을 푹 내쉬었어요. 그러자 건조한 모래 알갱이들이 저만치 날아갔어요.

"난 이렇게 해서 많은 친구들을 잃었어. 아마 다시는 예전의 그 모습으로 돌아갈 수 없을 거야."

나는 바짝 마른 입을 겨우 열었어요. 듣고 있던 낙타들도 안타까운 표정을 지었어요.

"맞아. 우리도 너무 힘들게 일하면 쉬어야 한다고. 쉬지 않으면 다시 본래 모습을 되찾기가 어렵지. 땅도 쉬어야 한다는 걸 사람들은 모르는 모양이야."

"그나저나 오아시스가 없어졌다니 물을 아껴 먹어야겠어."

낙타들은 일어서서 다시 걸었어요. 나는 낙타들의 뒷모습을 멀뚱히 바라만 보고 있었지요. 낙타들이 점점 멀어질 때쯤 이런 이야기가 들려왔어요.

"사막이 나무와 풀로 무성했다는 게 믿기지 않는걸? 다시 그런 땅으로 되돌릴 수 있는 방법은 없는 걸까?"

그건 오히려 내가 묻고 싶은 말이었어요. 내가 다시 멋지고 근사한 땅으로 변신할 방법은 정말 없는 걸까요? 나무가 우거지고, 그 아래 맑은 호수가 있고, 호수 너머로는 동물들이 한가로이 풀을 뜯는 멋진 땅 말이에요.

🌱 사하라 사막이 한때 푸른 초원이었다고?

현재 세계에서 가장 큰 사막은 사하라 사막이죠. 그런데 모래투성이인 사하라 사막이 원래는 푸른 숲이었다는 사실을 알고 있나요?
아주 오래전 사하라 사막은 강이 흐르고 초목이 무성한 기름진 땅이었대요. 이런 사하라의 옛 모습은 생생한 암벽 그림으로 남아 있답니다. 그림 속의 사하라는 코끼리와 영양 같은 동물들이 마음껏 뛰놀고, 사람들이 가축을 키우고 곡식을 기르는 땅이었어요.

🌱 사하라가 사막이 된 이유

그런데 이런 사하라가 왜 생명이 살기 힘든 사막이 되었을까요? 그건 오랜 시간 비가 적게 와 땅이 건조해진 데다가, 사람들이 한꺼번에 너무 많은 동물들을 풀어 놓고 키우면서 식물을 모두 뜯어먹었기 때문이랍니다.
특히 사하라 사막처럼 아프리카 지역에 위치한 땅들은 대체로 척박한 편이에요. 그렇기 때문에 땅이 양분을 얻을 수 있도록 쉬게 해주어야 하지만, 사람들은 계속 경작만 할 뿐 쉴 틈을 주지 않아요. 그래서 많은 땅들이 사막으로 변해 가고 있답니다.

🌱 사막으로 변하고 있는 땅들

현재 사막화는 세계 70여 개 나라에서 일어나고 있다고 해요. 세계 경작지의 3분의 1이 사막으로 변할지도 모른답니다.
티그리스 유프라테스 강 지역은 4대 문명이 시작되었던 곳 중 하나예요. 그만큼 강 주변 땅이 기름져서 사람들이 정착하여 농경지를 가꾸기에 좋았지요. 하지만 오랜 세월이 흐르면서 지금 이곳은 사막으로 변해 버렸어요.

| 몽골 | 고비 사막에서 가까운 초원들이 점점 사막으로 변하고 있어요. 강수량이 많지 않은 데다가 초원에 정착한 수많은 유목민들이 가축들을 과도하게 풀어 놓고 기르면서 사막으로 변하고 있답니다.

| 마다가스카르 | 수많은 동식물이 살고 있는 땅으로 유명한 곳이에요. 하지만 인구가 점점 늘어나면서 농사지을 땅이 부족해지자 많은 나무들을 베고 불태워 밭으로 만들었어요. 그 때문에 점점 양분이 쏙 빠진 척박한 땅으로 변하고 있답니다.

사막으로 변하는 걸 막으려면?

마구잡이로 나무를 베거나 주변의 식물들을 다 먹어 버릴 만큼 많은 가축들을 풀어 놓아서는 안 돼요. 땅이 시름시름 앓기 시작하면 다시 회복하는 데 오랜 시간이 걸려요. 그러니 처음부터 땅의 질을 잘 살펴 척박해진 땅에는 농사를 짓지 않아야 한답니다. 되도록 풀과 나무를 많이 심어 땅의 원래 특성을 회복시켜 주어야 하지요. 아프리카 케냐에서는 여성들이 척박해진 지역에 나무심기 작업을 활발히 하고 있대요. 국토가 사막으로 변하는 걸 미리 막기 위해서랍니다.

물·빙하

Chapter 2

망둥이 등이 왜 굽었을까?

펭귄은 어디로 이사를 해야 하지?

바다색이 빨갛고 까맣다고?

비버는 왜 화가 났을까?

물이 부족해질 날이 곧 올 거라고?

망둥이 등이 왜 굽었을까?

아무래도 이상했어요. 어린 망둥이는 몸이 자꾸만 오그라드는 느낌이 들었어요. 게다가 눈앞에서 맛있는 갯지렁이들이 아른거리는데 꼼짝도 할 수가 없었어요.

'내 몸이 자꾸 왜 이러는 거지?'

썰물이 되면서 갯벌이 드러났어요. 어린 망둥이는 파닥거리며 돌틈에 몸을 기댔어요. 엄마는 어린 망둥이가 이상하다는 걸 금방 눈치챘어요.

"망둥아, 어디 아프니?"

엄마가 얼른 다가와 물었어요. 엄마 목소리를 듣자 어린 망둥이의 눈에 눈물이 핑 돌았어요.

"엄마, 내 몸이 이상해요. 자꾸만 몸이 뒤틀리는 것만 같아요. 온몸이 아파 죽겠어요."

엄마는 어린 망둥이가 큰 병에 걸린 게 아닐까 걱정이 되었어요.

'내일부터는 유심히 살펴야겠어.'

엄마는 자꾸만 옛날 일이 생각나 마음이 무거웠어요.

어린 망둥이를 낳기 전에 엄마가 살던 바다에 한바탕 큰일이 일어난 적이 있었어요. 육지에서 시커먼 기름이 그대로 바다에 섞여 들어온 거

예요. 그때 많은 친구들이 죽고, 엄마는 겨우 살아 남아 어린 망둥이를 낳았지요. 맑은 물을 찾아 얼마나 헤맸는지 몰라요. 숨쉬기도 어려웠지만 죽을 힘을 다해 헤엄을 쳤답니다. 엄마는 그렇게 힘들게 그 바다를 떠나 왔어요.

다음 날, 엄마는 어린 망둥이의 뒷모습을 자세히 지켜 보았어요. 가끔 몸이 뒤뚱거릴 때도 있었지만 다른 망둥이랑 별로 달라 보이지 않았어요.

'다행이다.'

엄마는 안도의 한숨을 내쉬었어요.

하지만 몇 달 후 엄마는 깜짝 놀라고 말았어요. 어린 망둥이의 몸이 자라면서 점점 이상해지더니 결국 등이 휘고, 꼬리에 부스럼이 난 흉한 모습이 된 거예요. 어린 망둥이는 금세 놀림거리가 되었어요.

"이야기 들었어? 망둥이 몸이 이상하게 변했대."

"아이, 무서워. 설마 나도 망둥이처럼 되는 건 아니겠지?"

어린 망둥이는 집에서 꼼짝도 하지 않았어요. 모두가 자기의 흉한 모습을 보고 달아난다며 숨어 지내려고만 했어요.

엄마는 어린 망둥이가 불쌍해서 견딜 수 없었어요.

'안 되겠다. 물풀이라도 뜯어 가져가야지.'

엄마는 어린 망둥이에게 줄 물풀을 뜯으려고 다가갔어요. 그런데 이상했어요. 물풀에서 이상한 냄새가 나는 것만 같았어요. 엄마는 물풀을 조금 뜯어 먹어 보았어요. 맛도 예전 같지 않았죠.

"망둥이 엄마, 큰일났어요!"

그때 저쪽에서 물살을 가르며 낙지가 빠르게 헤엄쳐 왔어요.

"망둥이 엄마, 이게 무슨 일이래요. 글쎄, 근처에 살던 갑오징어가 몸이 자꾸만 썩어 들어가는 이상한 병에 걸렸대요. 학꽁치도 몸에 자꾸 부스럼이 생긴다는데 바다에 무슨 재앙이라도 내린 게 아닐까요?"

낙지의 말에 망둥이 엄마는 한동안 멍하니 있었어요.

'정말 여기에서도 살 수 없게 되는 걸까?'

엄마는 얼른 이곳을 떠나야 한다는 생각이 들었어요. 그러지 않으면 어린 망둥이 몸이 더 이상하게 변해서 무슨 일이 생길지 몰라요.

엄마는 당장 어린 망둥이를 데리고 더 깨끗한 물을 찾아 헤엄쳤어요. 하지만 어린 망둥이는 몸이 점점 휘어 헤엄치는 것도 어려웠어요. 마침내 어린 망둥이는 숨을 헐떡거리며 입을 열었어요.

"엄마, 아무래도 더는 못 갈 것 같아요. 지느러미를 움직일 수가 없어요."

엄마는 울면서 어린 망둥이를 꼭 안아 주었어요. 결국 어린 망둥이는 엄마 품에서 눈을 감았어요. 하지만 엄마는 슬퍼할 겨를이 없었어요. 몸속에 있는 알을 낳기 위해 맑은 물을 찾아 떠나야 했거든요. 엄마는 지금보다 더 맑고 푸른 바다를 찾기 위해 열심히 헤엄치기 시작했어요.

🌱 망둥이는 왜 이상하게 변했을까?

우리나라의 많은 공장들은 돈을 아끼려고 쓰레기 정화 시설을 제대로 만들지 않고, 오염 물질을 그대로 바다로 흘려 보내기도 합니다.
'그 넓은 바다에 오염 물질이 조금 섞인다고 무슨 큰일이 나겠어?' 하는 생각 때문에 근처 바다에서는 오래전부터 무시무시한 일들이 일어나고 있어요.
여러 해 전, 서해 앞바다에서는 척추가 휜 망둥어 6마리가 발견되었는데, 이들 기형 망둥어의 몸에는 혹이 나 있거나 피멍이 든 상처가 있었어요.
인근의 시화호에서 배출한 오염 물질이 바다로 흘러들어왔기 때문이었죠. 이게 모두 사람들이 자연을 함부로 생각한 탓이에요.

🌱 무시무시한 미나마타 병

무심코 바다로 흘려 보낸 오염 물질이 자연과 사람에게 얼마나 큰 피해를 불러 일으키는지는 일본의 예를 보면 잘 알 수 있어요. 1950년 이후 일본 미나마타 시에서는 이상한 일들이 일어났어요. 바다에서 잡은 물고기나 조개류를 먹은 사람들이 원인도 모를 병에 걸리기 시작한 거예요.
결국 원인은 비료 회사가 내보낸 물질 중에 동식물에 아주 해로운 수은이 포함되어 있었기 때문인 것으로 밝혀졌어요.
환경 오염은 당장 눈에 드러나지 않아도 시간이 흐르면 엄청난 재앙을 몰고 올 수 있답니다.

산과 강 오염의 진짜 범인, 산업 폐기물

우리나라에는 공장에서 나오는 산업 폐기물을 처리하는 곳이 많지 않아요. 그래서 대부분 폐기물 처리 업소에 맡기고 있는데 비용이 비싸서 공장들이 꺼리는 경우가 많답니다. 그 때문에 유독 폐기물을 몰래 땅에 묻거나, 일반 쓰레기에 섞어 버리거나, 심지어 강과 바다에 그대로 흘려 보내는 일이 자주 발생해요.

바다를 다시 깨끗하게 하려면?

| 회사 | 각종 세제를 만들 때 최대한 '인' 같은 화학 물질이 적게 들어가게 만들어야 해요. 그리고 바다로 오염 물질이 흘러들어가기 전에 정화 시설을 제대로 갖추고, 시설이 고장나지는 않았는지 수시로 점검해야 해요. 1990년대 구미 공단에 있는 한 회사가 파이프가 파손된 것도 모른 채 계속 사용했다가 엄청난 중금속이 강과 바다로 흘러간 사건이 있었거든요.

| 우리 | 혹시 바닷가에 놀러 가서 쓰레기를 아무 데나 버리고 온 적은 없나요? 쓰레기들이 바다 위에 둥둥 떠다니게 되면 물고기들이 숨쉬기가 어려워요. 쓰레기를 분해하기 위해 박테리아나 물속 미생물들이 엄청난 양의 산소를 쓰게 되는데 그러다보면 물속에 산소가 부족해져서 물고기가 살 수 없게 되지요.

펭귄은 어디로 이사를 해야 하지?

펭귄 두기는 할머니의 옛날 사진을 보고는 깜짝 놀랐어요. 할머니가 젊었을 때의 고향은 온통 얼음산으로 뒤덮여 있었기 때문이에요. 두기가 사는 지금의 남극과는 비교할 수가 없을 정도였죠. 특히 사진 속의 얼음산은 무척 거대해서 입이 다물어지지 않을 정도였어요.

"할머니, 우리가 사는 곳이 옛날에는 정말 이런 모습이었어요?"

"그럼. 지금보다 훨씬 공기도 맑고 얼음도 단단했지. 펭귄들이 살기에는 정말 좋았단다."

할머니는 멀리 바다를 가리켰어요.

"두기야, 저기를 봐. 지금은 파란 바다가 된 저곳이 옛날엔 아주 단단한 얼음 땅이었단다. 할머니는 저기에서 친구들이랑 신 나게 뛰어다니며 놀았지. 얼음산이나 얼음 바위 뒤에 숨어서 숨바꼭질도 곧잘 했는데."

두기는 할머니가 가리키는 곳을 한참 동안이나 쳐다보았어요. 바닷물이 출렁이는 저곳이 한때는 단단한 얼음 땅이었다는 사실이 믿겨지지가 않았어요.

할머니는 사진 속을 들여다보더니 쓸쓸한 미소를 지었어요.

이제 두기의 고향에서 거대한 빙산을 보기란 아주 어려워요. 언제부터인가 빙산이 점점 녹아 내리기 시작했거든요. 게다가 끝도 없이 펼쳐지던 얼음판에도 틈이 생겨 쩍쩍 갈라지고 있었죠.

얼음 위를 뛰어다니는 두기를 보며 할머니가 소리쳤어요.

"두기야, 조심해! 이제 어떤 얼음판도 믿을 수가 없단다."

그런데 그 말이 떨어지기 무섭게 두기가 '꽈당' 하고 미끄러졌어요. 그러고는 얼음판의 갈라진 틈으로 다리 하나가 쏙 빠져 버렸지요. 할머니는 배를 움켜잡고는 까르르 웃었어요.

"하하, 우리 두기가 날씬했으면 큰일날 뻔했구나."

두기는 멋쩍은 듯 얼른 일어났어요.

그런데 그때였어요. 바다 저편에서 무언가가 둥둥 떠내려오고 있었어요. 처음에는 그냥 얼음 조각 같았어요. 하지만 그 위에 조금씩 움직이고 있는 게 보였어요.

"할머니, 저게 뭐예요?"

"글쎄다, 얼음 조각 위에 무언가 있는 것 같기도 하고."

두기와 할머니 쪽으로 다가오는 건 바로 얼음 조각 위에 쓰러져 있는 바다표범이었어요. 바다표범은 죽은 듯이 꼼짝도 않고 누워 있었어요.

"어린 바다표범이구나. 도대체 이 아이한테 무슨 일이 있었던 거지?"

할머니는 근심 섞인 표정으로 어린 바다표범을 살펴보았어요. 곧 펭귄 아저씨들이 바다표범 주위로 몰려들었어요.

"이 아이에게 먹을 걸 좀 줘요."

할머니의 말에 펭귄 아저씨들은 하루 종일 잡은 먹이를 내놓았어요. 하지만 표정은 썩 밝지 않았어요.

"예전만큼 먹이가 풍족하지 않아요. 이 바다표범도 먹이를 찾다가 지쳐서 여기 쓰러진 걸 거예요."

모두들 어린 바다표범을 안쓰럽게 쳐다보았어요.

얼마나 시간이 흘렀을까요. 겨우 기운을 차린 어린 바다표범이 가느다랗게 눈을 떴어요.

"이제 좀 괜찮니?"

할머니의 말이 들리는지 어린 바다표범은 '끙끙' 소리를 냈어요.

"휴우, 살아서 다행이야."

모두들 안도의 한숨을 푹 내쉬었어요. 하지만 어린 바다표범의 말을 들은 펭귄들은 다시 근심어린 표정을 짓지 않을 수 없었어요.

"먹이를 찾으러 나왔다가 그만……. 예전처럼 먹이를 구하는 게 쉽지 않더라고요. 한참 동안 먹이를 찾다가 기운이 없어 얼음판 위에서 잠시 쉬고 있었죠. 그런데 갑자기 제가 서 있는 얼음판에 금이 쩍 가더니 둥둥 떠내려가는 게 아니겠어요? 얼마나 떠다녔는지 몰라요."

"지금 여기도 안전하지 않아요. 우리 어린 펭귄들도 언제 저 바다 위를 떠돌게 될지 몰라요. 조금 더 단단한 빙산들이 있는 곳으로 얼른 이사를 가요."

아저씨 펭귄들이 아우성을 치자 할머니는 고민에 빠졌어요.
'도대체 우리는 어디로 이사를 가야 하지?'
할머니 펭귄은 옛날 사진 속의 멋진 빙산을 과연 찾을 수 있을까요?

펭귄은 갈 곳이 없어요

너무 추워서 사람이 살 수 없는 남극. 에스키모 인들이 얼음집을 짓고 사는 북극. 극지방은 거대한 빙산으로 뒤덮여 있어요. 특히 남극의 경우는 대부분의 땅이 두꺼운 얼음으로 덮여 있죠. 하지만 이런 극지방에서도 펭귄, 바다표범, 북극곰 등 많은 동물들이 살아가고 있어요.

그런데 지구의 온도가 올라가면서 거대한 빙산이 녹고 있어요. 조사에 의하면 2003년부터 2008년 사이에 북극의 얼음 두께가 42% 정도 얇아졌대요. 앞으로 20~30년 후에는 북극에서 얼음을 볼 수 없게 될지도 모른답니다. 그럼 북극곰이나 펭귄은 어디로 이사를 가야 할까요?

펭귄(김웅서)

🌱 위기에 처한 지구

빙산이 녹으면 당장 무슨 일이 일어날까요?
극지방의 얼음이 녹으면 바닷물이 불어나서 해수면이 낮은 섬나라들은 물속에 잠기게 돼요. 실제로 몰디브는 크기가 점점 줄어들고 있고, 투발루는 높아지는 바닷물로 나라가 잠기게 되면서 결국 국토 포기 선언을 했을 정도예요.

빙산(극지연구소)

🌱 왜 지구의 온도가 올라가지?

| 북극곰 | 사람들은 극지방도 자연 그대로 두지 않아요. 핵실험도 하고, 북극을 개발한다는 이유로 거대한 공장을 세워서 이산화탄소 같은 오염 물질도 마구 내보내고 있어요. 이산화탄소가 너무 많아지면 지구는 점점 뜨거워질 거예요.

| 펭 귄 | 그뿐만이 아니에요. 지구에는 지구를 보호하는 보호막이 있어요. 바로 오존층이에요. 그런데 남극 하늘의 오존층에 큰 구멍이 생겼대요. 그래서 태양열이 그대로 남극에 내리쬐어 지구의 온도가 올라가고 있어요.

바다색이 빨갛고 까맣다고?

하늘에 떠 있는 인공위성은 바다의 경호원이에요. 바다에 무슨 일이 없나 언제나 지켜 보고 있답니다. '찰각찰각' 사진을 찍어서 지구로 보내 주기도 하지요.
"바다야, 아픈 데는 없지?"
"그럼. 내 얼굴을 보면 알 텐데?"
바다는 하얀 이를 드러내며 웃었어요.
'푸른빛은 흰색과 아주 잘 어울려.'
인공위성은 바다를 볼 때마다 그런 생각을 했어요. 푸른 바다 위에 둥둥 떠다니는 하얀 배, 해안가로 몰아치는 하얀 파도는 멋진 풍경이었죠. 그뿐인가요, 파란 바닷물 속으로 비치는 하얀 산호들과 바닷가 옆에 우뚝 선 하얀 등대도 기가 막히게 아름다웠어요.
그러던 어느 날이었어요. 바다를 지켜 보던 인공위성은 씨익 웃었어요. 바다의 푸른 얼굴이 조금 붉게 변하고 있었기 때문이에요.
'나를 짝사랑하는 게 틀림없어. 수줍어서 얼굴이 붉어지는 거야.'
처음에는 이렇게 생각했답니다. 하지만 얼굴색이 조금씩 변해갈 때마다 바다는 고통스러워했어요. 시간이 흐를수록 바다의 얼굴은 점점 더

흉하게 변해 가고 있었어요.

'예전의 그 푸른빛이 아니야. 아무래도 무슨 일이 생긴 것 같아.'

인공위성은 바다에게 물었어요.

"바다야, 도대체 어디가 아픈 거야?"

하지만 바다는 물결만 일렁일 뿐 말이 없었어요. 인공위성의 걱정은 이만저만이 아니었죠. 인공위성은 바다의 얼굴을 가까이 당겨 보았어요.

"으앗! 이게 뭐야?"

인공위성은 순간 눈을 질끈 감았어요. 바다 위에 아주 작은 생물체들이 죽은 채 둥둥 떠 있는 게 아니겠어요? 게다가 그 옆에는 커다란 물고기들도 떼지어 죽어 있었어요. 가까이에서 본 바다의 모습은 거의 죽어 가는 것처럼 보였어요. 푸른 파도가 넘실대던 바다의 모습은 어디에서도 찾아볼 수가 없었어요.
　그때 검붉은 바닷물 위로 물고기 몇 마리가 힘들게 고개를 내밀며 소리쳤어요.
　"도와줘요! 이제 더 이상 여기에서 숨을 쉬기가 힘들어요."
　"죽을 것 같아요. 얼른 무슨 수를 좀 써 봐요!"
　인공위성은 그제야 다급하게 신호를 보냈어요. 바다가 지금 잔뜩 병이 들었다고 말이에요. 바다를 살리기 위해 출동한 사람들은 검붉게 변한 바다 위에 황토를 뿌리기 시작했어요. 황토는 오염된 바다를 깨끗하게 만들어 주는 흙이에요. 나쁜 균들을 모두 잡아먹어 버리거든요.
　'바다의 병이 하루빨리 나아야 할 텐데.'
　인공위성은 매일매일 바다를 지켜 보았어요.
　바다의 열이 내리는 데에는 오랜 시간이 걸렸어요. 인공위성은 하루빨리 푸른 바다를 보고 싶은 마음뿐이었어요.
　하늘에 떠 있는 인공위성은 오늘도 바다를 내려다보았어요. 바다에 무슨 일이 없나 언제나 지켜 보고 있는 거예요.
　"어? 드디어 푸른색을 되찾았네?"
　인공위성은 모처럼 환하게 웃었어요. 바다가 본래 모습으로 돌아온 거예요.

"이제 괜찮아?"

인공위성의 물음에 바다가 오랜만에 큰 소리로 대답했어요.

"그럼. 사람들이 더러운 물을 바다로 흘려 보내지만 않는다면 난 언제까지나 건강할 거야."

인공위성은 바다를 보며 생각했어요.

'푸른빛은 흰색과 아주 잘 어울려.'

하얗게 일어나는 파도가 그 어느 때보다 아름다운 날이었답니다.

🌱 바다가 왜 검붉게 변하는 걸까?

바닷물의 색깔이 검붉게 변하는 것을 '적조 현상'이라고 해요. 플랑크톤의 수가 갑자기 늘어났다가 한꺼번에 죽는 바람에 바닷물이 붉은색이나 갈색 등으로 보이는 현상이지요.

플랑크톤의 수가 갑자기 크게 늘어나는 이유는 생활 하수나 공업 폐수로 강과 바다가 오염되었기 때문이에요. 오염된 물에는 음식 찌꺼기나 각종 세제에서 나오는 인, 질소 같은 성분이 가득 들어 있어요. 플랑크톤은 이 성분들을 섭취하고 번식력을 높인답니다.

① 강이나 호수로 가정 하수와 공업 폐수가 흘러들어 물속에 인, 질소 등의 성분이 많아져요. 이런 것들을 먹고 플랑크톤이 갑자기 많이 번식합니다.

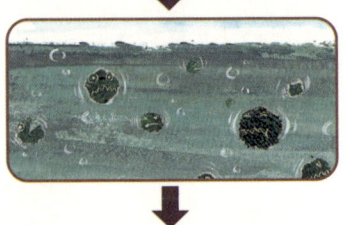

② 갑자기 플랑크톤이 많아지게 되면 바닷속의 산소가 부족해져 플랑크톤이 한꺼번에 죽게 됩니다.

③ 플랑크톤이 죽으면서 독성이 배출되기 때문에 산소가 줄어들어 바닷속의 물고기나 조개류들 역시 살 수 없게 됩니다.

④ 이렇게 죽은 물고기나 조개를 사람이 먹으면 독성으로 인해 사망할 수도 있어요.

🌱 세계의 적조 현상

현재 적조 현상은 우리나라뿐만 아니라 대서양, 지중해, 인도양 등 세계 대부분의 바다에서 발생하고 있어요.

1983년 필리핀의 사마르, 레티네 섬 북부 해안에서는 적조 현상으로 무시무시한 사건이 일어났어요. 적조 현상으로 인해 생긴 나쁜 성분에 오염된 홍합을 먹고 수백 명의 환자가 발생한 거예요. 이때 20여 명은 목숨까지 잃었다고 합니다.

우리나라의 남해안에서는 잦은 적조 현상으로 그 일대의 양식업에 많은 타격을 입고 있어요. 최근 20~30년 사이에 입은 남해안의 적조 피해는 수백 건에 달하고, 한 해의 양식 피해액이 100억 원이 넘을 정도예요.

🌱 적조 현상을 막으려면?

가장 쉬운 방법은 강이나 바다로 흘러가는 오염물이 없도록 각 가정에서 생활 하수를 줄이는 거예요. 우리가 생활 속에서 무심코 버리는 생활 하수를 다시 깨끗한 물로 돌리는 데에는 어마어마한 물과 돈이 든답니다.

예를 들면 커피 한 잔(150㎖)을 물고기가 살 정도로 희석시키려면 4,500ℓ 의 물이 필요하답니다.

> 한 잔의 커피를 내가 살 수 있는 물로 만들려면 4,500ℓ의 물이 필요해.

하지만 가정에서의 노력만으로는 적조 현상을 막기 어려워요.

더욱 중요한 것은 공장에서 나오는 폐수를 정부에서 적극적으로 관리하는 거예요. 환경보호관련법으로 공장에서 나온 오염 물질을 철저하게 막아 내고, 하수도와 산업 쓰레기의 처리 시설을 제대로 갖추도록 해야 해요. 물론 공장에서 이런 규칙을 지키지 않는다면 보다 강력한 벌을 내려야 하겠죠. 이렇게 기본적인 것만 지켜져도 적조 현상은 나타나지 않을 거예요.

비버는 왜 화가 났을까?

"켁켁!"

비버는 물을 입에 대자마자 뱉어 버렸어요.

"물맛이 왜 이렇지?"

비버는 인상을 잔뜩 찌푸렸어요. 이유는 알 수 없지만 분명 물이 변했어요. 좋지 않은 냄새가 날 뿐만 아니라 물 색깔도 아주 탁했답니다. 비버는 기분 나쁜 표정으로 강물만 바라보았어요.

그때였어요.

"왜 그렇게 멍하니 있어? 집 안 지어?"

고개를 돌려 보니 강가로 산책 나온 고슴도치였어요. 고슴도치는 밤톨 같은 몸속에서 고개를 비죽 내밀었어요.

비버는 손사래를 치며 말했어요.

"말도 마. 이제 이곳에는 집짓기가 싫다니까!"

평소와는 달리 비버는 몹시 화가 나 있었어요. 고슴도치는 비버의 화난 모습을 처음 보았어요. 비버는 언제나 콧노래를 부르며 집을 지었지요. 나뭇가지를 모아 열심히 집을 짓는 모습은 감탄스러울 정도였어요. 그렇게 부지런하던 비버가 팔짱을 끼고 집짓기를 하지 않겠다니 정말 이상한 노릇이었어요.

"도대체 무슨 일이 있는 거야?"

고슴도치가 자꾸만 캐묻자 비버는 그제야 속상한 마음을 털어놓았어요.

"요즘 이곳은 아주 엉망이야."

비버는 잔뜩 흥분한 목소리로 이야기를 시작했어요.

비버가 살던 강가가 변하기 시작한 건 강 위쪽에 댐이 생기고부터예요. 커다란 댐이 세워지자 비버가 사는 곳으로 흘러내려오던 강물이 확 줄었어요. 강물이 줄자 먹잇감도 덩달아 줄어 비버는 살이 쏙 빠지기 시작했어요.

"강물이 줄어드니까 물고기들이 사라지는 건 당연한 일이지. 그뿐만이 아냐. 강으로 거슬러 올라오는 뱀장어나 연어 같은 물고기들은 어떤지 알아? 강 위로 올라가야 하는데 댐이 너무 높아 올라가지를 못한다고."

비버의 말에 고슴도치도 맞장구를 쳤어요.

"그럼 물고기들이 새끼를 많이 못 낳잖아. 그래서 너의 먹이도 점점 더 줄어드는 거구나?"

"역시 너랑은 말이 잘 통한다니까."

비버는 고슴도치에게 그동안의 속상했던 마음을 다 털어놓았어요. 하지만 금세 또 우울해졌어요. 진짜 더 큰 걱정거리는 따로

있었거든요.

"고슴도치야, 너도 이 물 맛 좀 볼래?"

고슴도치는 썩 내키지 않았지만 물을 살짝 먹어 보았어요.

"켁켁!"

고슴도치 역시 물을 입에 대자마자 뱉어 버렸어요.

"물맛이 왜 이래?"

고슴도치는 인상을 잔뜩 찌푸렸어요. 그제야 비버는 억울한 표정으로 말했어요.

"어제 댐문이 열렸어. 이렇게 한 번씩 고인 물을 내보내거든. 그런데 그럴 때마다 아주 미칠 지경이야. 댐 바닥에 쌓여 있던 몸에 해로운 것들이 한꺼번에 휩쓸려 내려온단 말이야."

"댐 안의 물은 굉장히 깨끗해 보이는데?"

비버의 말에 고슴도치는 고개를 갸우뚱거렸어요. 그러자 비버는 손을 내저었지요.

"무슨 소리, 고인 물이라 더 쉽게 오염된다고!"

비버가 몸을 부르르 떨며 몸에서 물기를 털어 냈어요. 조금 전에 물속에 들어갔다가 나온 뒤로는 내내 찝찝한 기분이 들었죠. 고슴도치도 물맛을 본 게 후회가 되었어요.

고슴도치는 비버가 혹시 이곳을 떠나면 어떡하나 걱정이 되었어요. 댐이 들어설 때 고슴도치는 많은 숲 속 친구들과 헤어진 기억이 있어요. 그때도 숲 하나가 전부 물에 잠기는 바람에 친구들은 모두 뿔뿔이 흩어졌답니다.

"비버, 약속해. 넌 떠나지 않는다고."

고슴도치는 다짜고짜 새끼손가락을 내밀었어요. 약속하라는 뜻이었지요. 고슴도치는 비버가 이곳을 떠나는 걸 상상하기도 싫었어요. 비버는 고슴도치의 행동에 큭큭대며 웃었어요.

"누가 떠난대? 그냥 생각이 많아서 머리가 좀 복잡할 뿐이야. 그런데 고슴도치야, 이곳을 예전처럼 살 만한 곳으로 만들 방법은 없을까?"

고슴도치는 머리를 이리저리 굴려 보았어요. 비버에게 아주 멋진 생각을 알려 주고 싶었거든요.

"비버. 우선 댐을 만든 사람들에게 편지를 쓰는 게 어때? 어쩌면 너의 고민을 몰라서 이런 문제가 생긴 것인지도 모르잖아."

고슴도치의 말에 비버는 고개를 끄덕였어요. 그리고 바로 편지를 썼지요.

🌱 비버의 편지

댐을 만들 때 이런 것 좀 신경 써 주세요!

① 비가 오랫동안 오지 않을 때에는 강물도 말라가요.
이런 때에도 강물이 일정한 양을 유지할 수 있도록
댐의 물을 보내 주세요.

② 댐이 하나 지어질 때마다 그곳에 살던
동물들은 살 곳을 잃어요. 동물들이 살 수 있도록
둑 주변에 식물을 심고 쾌적한 환경을 만들어 주세요.

③ 댐 바닥에 쌓인 퇴적물이 너무 더러워요.
호수 바닥의 물이 썩지 않도록 신경 써 주세요.
그리고 물을 내보낼 때에는 침전물이
빠져 나가지 못하게 해주세요.

🌱 댐도 장점을 갖고 있어요

댐 건설이 무조건 나쁘다고만 할 수는 없어요.
댐을 만들면 수력 발전을 이용할 수 있어요. 물은 늘 재생할 수 있으니 자연을 이용해 에너지를 만들 수 있는 아주 좋은 방법이죠.
게다가 인공 호수가 만들어지고, 철새들의 새로운 서식지가 되기도 하기 때문에 관광 자원으로 활용할 수 있지요.

🌱 댐 건설, 무엇이 문제일까?

댐 건설은 기본적으로 강의 상류와 하류를 단절시켜요. 그로 인해 물고기의 이동을 막아 번식을 방해하게 되지요. 게다가 강 하류의 생물 종류가 줄어들어 생태계가 파괴될 우려가 있어요.

댐건설 때문에 유적이 잘 보존되어 온 가치 있는 마을이 물에 잠기는 일이 생기기도 해요.

🌱 환경을 생각하는 댐 건설

댐을 만들 때는 최대한 환경을 생각해서 만드는 게 중요해요. 그래서 사람들은 야생 동물의 이동을 돕기 위해 '생태 통로'를 만들었어요. 뱀장어처럼 바다에서 강으로 다시 돌아오는 물고기들을 깔때기로 높이 들어올려서 댐 너머에 다시 놓아 주는 '물고기 승강장'이 바로 생태 통로이지요. 이렇게 자연을 배려하는 관심 하나가 환경을 살리는 첫걸음이랍니다.

우리는 물을 절약하는 습관이 몸에 배어 있지 않아요. 물을 확보하겠다는 생각으로 마구잡이 식으로 댐을 짓는 것보다는 우리 생활에서 물을 절약할 수 있는 방법을 실천하는 것이 더 시급해요.

댐

물이 부족해질 날이 곧 올 거라고?

"휴, 씻지 못한 지 벌써 사흘째야."

여우는 한숨을 푹 내쉬었어요. 깔끔하기로 유명한 여우도 물이 없으니 어쩔 수가 없었어요.

마을 공동 수도에서 물이 한 방울 똑 떨어졌어요.

"이렇게 해서 언제 물이 차겠어?"

물동이를 들고 줄을 선 동물들이 투덜대기 시작했어요. 얼마 전부터 시작된 가뭄에 모두 지쳐 버린 거예요.

"이제 땅이라도 열심히 파 보는 수밖에 없겠어요."

"맞아요. 같이 지하수를 파 보자고요!"

코뿔소, 코끼리 등 힘 좋은 동물들이 먼저 나섰어요. 몇 년 전에도 이렇게 해서 겨우 물을 구한 적이 있었거든요.

동물들은 모두 나와 땅을 파기 시작했어요.

"자, 조금만 더 힘을 내자고!"

"곧 물이 솟아오를 거야!"

모두들 잔뜩 기대를 갖고 땅속을 들여다보았어요. 하지만 물은 한 방울도 솟아나지 않았어요. 열심히 땅을 파던 코뿔소는 이내 풀이 죽어 고개를 떨구었어요. 그러자 나이 많은 원숭이 할아버지가 말했어요.

"가뭄은 이번이 처음이 아냐. 오래전부터 가뭄은 늘 있어 왔어. 그럴 때마다 우리는 안개를 모아 물을 얻었지. 마르지 않는 우물도 큰 도움이 되었고. 그런데 아무래도 이상해. 이 정도의 가뭄으로 지하수가 이렇게 바짝 말라 버리다니."

원숭이 할아버지의 말에 여우도 한 마디 거들었어요.

"맞아요. 이렇게 물 구경하기가 어려운 건 태어나서 처음이에요. 이건 누가 작정하고 우리 물길을 막아 버린 것 같다니까요."

여우의 말에 모두들 눈이 휘둥그레졌어요. 갑자기 한 가지 생각이 번뜩 스치고 지나갔기 때문이에요.

"설마."

"그럴지도 몰라. 전에도 물 가지고 협박을 하기도 했었잖아."

동물들은 윗마을을 의심하기 시작했어요. 강 상류에 자리잡은 윗마을이 작년에도 댐을 만들겠다고 해서 큰 다툼이 일어난 적이 있었어요.

"윗마을에 댐을 만들면 하류에 살고 있는 우리 마을은 당장 물이 부족하게 된다고!"

"무슨 소리! 댐을 만들어야 물을 저장할 수 있지!"

"물을 독차지해서 나중에 우리가 물이 부족해지면 비싼 값에 팔려는 수작이지?"

"댐이 문제가 아니야! 당신네들이 농사 때문에 지나치게 물길을 끌어다 쓰는 바람에 다른 땅은 점점 메말라 가고 있다고!"

　　그건 정말 끝이 보이지 않는 싸움이었어요. 동물들은 모두 옛 기억에 부르르 치를 떨었어요.

　　강 아래쪽에 사는 동물들은 윗마을로 몰래 올라가 보았어요. 그런데 강을 따라 올라가던 여우는 깜짝 놀랐어요. 아래로 내려오는 물줄기가 막혀있는 거예요.

　"이것 보세요. 우리 마을로 내려오던 강줄기를 막아서 윗마을로 다시 돌아가게 해 놓았어요."

　"아주 고약하군. 자기 멋대로 물길을 바꾸다니."

　"당장 허물어 버려요. 이 강은 우리 마을의 강이기도 하다고요."

　화가 난 아랫마을 동물들은 물길을 막고 있던 댐을 허물어 버렸어요.

　이 때문에 윗마을 동물들 역시 잔뜩 화가 났어요.

　"우리 마을에 흐르는 강물을 우리가 관리하는 게 뭐가 문제야?"

　"왜 우리가 애써 쌓은 댐을 함부로 허물어뜨리는 거지? 당신들이 한 짓은 엄연히 폭력이야,

폭력!"

윗마을은 가뭄에 대비해 물을 저장해야 한다며 또 물길을 가로막았어요. 살기 위해서는 어쩔 수 없는 일이라며 조금도 양보하지 않았죠.

그때부터 두 마을 사이에는 물 때문에 전쟁이 일어나고 말았어요.

"강물은 너희들의 것이 아니야!"

오늘도 강 아래쪽 동물들은 댐을 무너뜨릴 작전을 짜고 있어요. 과연 물 때문에 생긴 이 긴 싸움은 언제 끝이 날까요?

🌱 물 전쟁이 정말 일어날까?

물 때문에 많은 나라들이 지금도 갈등을 벌이고 있답니다. 아마존 강은 8개국, 다뉴브 강은 12개국 이상, 나일 강은 10개국, 라인 강은 9개국이 강을 차지하기 위해 싸우고 있습니다. 이는 세계 인구의 40% 이상이 물 부족으로 고통받고 있다는 뜻이지요.

물과 관련된 분쟁 때문에 여러 가지 약속을 만들어 온 것은 아주 오래전부터랍니다. 그리고 오래도록 끌어온 이런 다툼 때문에 1997년 유엔은 〈국제 하천의 이용에 관한 협정안〉을 공식적으로 승인하였어요. 하지만 그 조항들이 명쾌하지 않고 해석하기 나름인 것이 많아 결국 경제적으로 군사적으로 힘센 나라가 이익을 보고 있기도 해요.

중동 지역의 경우 터키가 아주 큰 댐을 건설해서 강 하류에 위치한 시리아, 이라크 등의 국가가 피해를 보게 되자 학자들은 이 지역에 물 전쟁이 일어날지도 모른다고 우려하고 있어요.

| 터키 | 우리는 댐을 건설해 메마른 땅을 다시 살려볼 거예요. 그런데 우리가 강의 상류에 있다고 무조건 댐을 못 만들게 하면 정말 억울해요. 우리도 수자원을 계속 개발해야죠.

| 시리아 | 댐을 만들면 우리나라로 들어오는 물이 줄어서 전력 공급에도 큰 문제가 생겨요. 물 때문에 나라 전체를 곤경에 빠뜨리게 해서는 안 되죠. 이러다가는 물이 최대의 무기가 되겠군요.

🌱 물 전쟁을 막으려면?

유엔 발표를 보면 현재 80여 나라가 물이 부족하다고 해요. 2050년에는 전 세계의 3분의 2가 물 때문에 고통을 받을 거라는 보고도 있어요. 우리에게 그런 일이 닥치지 말란 법은 없지요.
우리나라도 2030년쯤이면 물이 귀한 나라가 될 거라고 하니 이런 상황에 미리 대비해야 해요. 정부는 댐을 많이 짓겠다고 하지만 그것이 능사는 아니에요. 물의 사용을 줄이고 절약해서 미래에 대비하는 것이 최선의 방법이랍니다.

🌱 우리는 이렇게 물을 사용하고 있어요

| 칠레 | 우리는 안개로 물을 얻어요. 안개가 짙은 날에는 밤에 헝겊을 걸어 둔답니다. 그러면 헝겊은 밤새 습기를 빨아들이지요. 그리고 아침에 헝겊을 짜서 물을 얻어요.

| 나이지리아 | 우리는 우물과 빗물을 아주 잘 활용하고 있어요.

| 일본 | 우리는 손 씻는 물도 그냥 안 버려요. 다시 변기 물통에 채워 쓴답니다. 물을 틀어 놓고 쓰는 건 아주 큰 낭비죠.

| 각 공장들 | 우리 공장에서는 공업 폐수를 그냥 안 버려요. 공업 폐수를 재활용해서 건물 청소에 쓰거나 공업 용수로 다시 사용하기도 한답니다.

Chapter 3

하늘·공기

하늘에 구멍이 났다고?

분홍색 눈이 내린다고?

황사는 왜 생기는 걸까?

계절이 뒤죽박죽이라고?

폭우 때문에 견우와 직녀가 못 만난다고?

하늘에 구멍이 났다고?

'나도 지구 같은 별이 될 수 있을까?'

별들도 시샘을 한답니다. 우주 속에 떠 있는 푸른 별 '지구'를 말이에요. 지구는 다른 별이 못 가진 걸 참 많이 가졌지요. 생물이 살 수 있는 맑은 공기, 물과 적당한 햇빛. 다른 별에 없는 것들이 지구에는 다 있어요.

그중에서도 지구를 가장 많이 부러워하는 별은 바로 화성이었어요. 화성은 지구와 가까이 있는 별이에요. 그래서 자신도 지구와 같은 멋진 별이 될 수 있을지도 모른다고 생각했어요.

화성은 지구를 한참 쳐다보다 입을 열었어요.

"지구야, 나 오래전부터 너에게 궁금한 게 하나 있어."

화성은 그동안 많이 참고 참았다는 듯 침을 꼴깍 삼켰어요.

"무엇이든 물어 보렴."

지구는 웃으며 대답했어요.

"넌 나보다 태양에 더 가까이 있잖아. 그럼 태양빛이 너무 뜨거워서 생물이 살 수 없을 텐데, 어떻게 태양빛을 견디는 거야?"

화성의 말에 지구는 씨익 웃으며 대답했어요.

"여태 몰랐어? 나에게는 아주 든든한 보호막이 있단다. 그 막이 강렬히 내리쬐는 태양빛을 막아 주지. 그래서 동물이나 식물들이 타 죽지 않고 살 수 있는 거야. 아마 태양빛이 그대로 땅까지 온다면 나 역시 아무것도 살지 못하는 별이 되었을걸?"

지구가 말하는 그 대단한 보호막은 '오존층'이라는 거였어요. 오존층이 있어 지구가 동식물을 태양으로부터 지켜낼 수 있는 거랍니다.

"오존층이 없다면 구름이 더 위로위로 올라가겠지. 그러면 커다란 우박들이 만들어질 거고, 사람들은 도망다니기 바쁘게 될걸?"

지구는 상상만 해도 재미있다는 표정이었어요.

하지만 화성은 기운이 쏙 빠졌어요. 어쩌면 지구처럼 멋진 별이 될지도 모른다는 희망을 가졌었는데 이젠 자신이 없어졌어요. 어디에 가서 그런 멋진 보호막을 구할 수 있겠어요?

'그렇다면 그 오존층을 좀 나눠 달라고 해볼까?'

화성은 오존층을 두르면 자신도 생물이 사는 별이 될 수 있을지 모른다는 생각이 들었어요. 화성은 용기를 내어 지구에게 부탁했어요.

"지구야, 그 오존층 말이야, 나에게도 조금 나눠 줄 수 없겠니?"

그런데 화성의 부탁에 지구는 갑자기 한숨을 푹 내쉬었어요.

"말도 마. 나눠 주기는커녕 내가 갖고 있는 것도 지금 다 망가지고 있는걸."

"망가지고 있다고? 그게 무슨 말이야?"

화성은 고개를 갸우뚱거렸어요.

'혹시 다른 별들이 시샘해서 망가뜨린 건 아니겠지?'

화성은 별의별 생각이 다 들었어요.

그런데 놀랍게도 지구의 오존층을 망가뜨리고 있는 범인은 바로 지구에 사는 사람들이었어요. 처음에는 지구가 거짓말을 하는 거라고 생각했어요. 하지만 그건 거짓이 아니었어요.

"사람들은 몰라. 자기들이 오존층에 구멍을 내고 있다는 사실을 말이야. 오존층의 보호를 받는 사람들이 스스로 오존층을 없앤다는 게 말이 되니? 그 때문에 요즘 나는 내내 고열에 시달린다고."

화성은 그제야 깨달았어요.

'요즘 지구가 끙끙 앓는 게 그 때문이었구나.'

지구를 보호해 주던 오존층의 얇은 막에 구멍이 생겨 태양의 뜨거운 열을 견디기가 쉽지 않았을 거예요.

결국 화성은 지구가 될 수 있는 방법을 하나도 얻지 못했어요. 대신 부러워만 하던 지구에게도 큰 고민이 있다는 걸 알게 되었죠.

'지구의 오존층에 구멍이 나지 않게 하는 방법은 없을까?'

화성은 오늘도 옆에서 지구를 골똘히 지켜 보고 있어요. 제 2의 지구가 될 수 있을 거라는 꿈을 아직 포기하지 않았거든요.

🌱 오존층이란?

우리 눈으로 볼 수는 없지만 지구는 여러 공기층으로 쌓여 있답니다. 그중에서 오존으로 이루어진 공기층이 있는데 이것을 '오존층'이라고 해요.

🌱 오존층이 무슨 일을 하나요?

오존층은 태양에서 오는 자외선의 대부분을 흡수해요. 즉, 생명체에 해로운 자외선을 걸러서 보내 주는 거죠. 그 때문에 수많은 동물과 식물들이 화상을 입지 않고 살 수 있는 거예요. 오존층이 없다면 지구는 너무 뜨거워서 살 수 없을 거예요.

하지만 우리가 숨쉬는 공기 속에 있는 오존은 건강을 해치기도 해요. 자동차 배기 가스가 햇빛과 만나면 오존이 되는데 오존의 양이 너무 많아지면 '오존주의보'를 내려요. 이때는 자동차 사용을 자제하고, 가능한 한 집 밖으로 나가지 않는 게 좋답니다.

🌱 오존층에 왜 구멍이 나죠?

오존층을 파괴하는 것은 프레온가스로 알려진 염화불화탄소(CFC)예요. 다른 오염 물질들은 대부분 비에 씻겨 다시 땅에 떨어지는데, 프레온가스는 빗물에 씻기지도 않고 공기보다 가벼워 오존층까지 금세 올라가지요. 거기에서 자외선을 만나면 그

속에 있던 염소가 떨어져 나온답니다. 그런데 이 염소 하나는 수천 개의 오존을 파괴할 만큼 위력이 대단해요.
특히 낮은 기온의 질산 구름에서 염소는 더 활발하게 활동을 한답니다. 그래서 겨울에 남극과 북극 상공의 오존층에 구멍이 더 많이 생기지요.

오존층에 구멍이 나면 사람은 피부암이나 백내장 같은 병을 앓게 되고, 플랑크톤이 죽어 생태계가 파괴될 수 있어요.

🌱 오존층을 다시 회복시키는 방법

그동안 프레온가스는 머리에 뿌리는 스프레이, 냉장고나 에어컨의 냉매제로 사용되어 왔어요. 하지만 프레온가스가 오존층을 파괴한다는 걸 알고부터는 세계 여러 나라들이 더 이상 프레온 가스를 사용하지 않기로 약속을 했어요. 지금은 다른 물질을 개발해서 사용하고 있지요. 그럼에도 불구하고 그동안 워낙 많은 양의 프레온가스를 사용했기 때문에 앞으로도 수십 년 간은 오존층이 계속 파괴될 거라고 하니 정말 안타까운 일이에요.

분홍색 눈이 내린다고?

"눈이 온다. 어서 피해."

눈발이 날리자 엄마 사슴은 아기 사슴을 데리고 뛰기 시작했어요. 이 숲을 달리다 보면 끝에 작은 동굴 하나가 나온답니다. 엄마 사슴은 아기 사슴을 데리고 얼른 동굴 안으로 들어갔어요.

"휴, 큰일날 뻔했다. 오늘 눈이 온다는 소식은 없었는데."

엄마 사슴은 아기 사슴의 몸에 묻은 눈을 얼른 털어 주었어요. 그리고 걱정스러운 얼굴로 동굴 밖을 내다보았어요.

'눈이 빨리 그쳐야 할 텐데.'

눈이 오래도록 내린다면 낭패를 볼지도 몰라요. 저장해 둔 아기 사슴의 먹이가 하나도 없거든요. 눈이 오면 대부분의 동물들은 집에서 꼼짝도 하지 않는답니다.

"엄마, 눈을 맞으면 안 되나요?"

아기 사슴은 눈을 말똥말똥 뜬 채 물었어요. 눈이 올 때마다 엄마는 마치 큰일이라도 난 듯 동굴로 피했으니까요. 아기 사슴은 눈을 맞아 보고 싶었어요. 눈은 보기만 해도 포근하고 따뜻해 보였어요.

엄마 사슴은 소복이 쌓이는 눈을 가리키며 말했어요.

"오늘 눈은 분홍색이지? 저 예쁜 색깔 속엔 우리 몸에 나쁜 성분이 잔뜩 들어 있단다. 근처 공장에서 나온 붉은 화학 약품이 섞인 게 분명해. 이런 눈은 너처럼 여린 피부를 가진 아기들이 맞으면 아주 해롭단다."

아기 사슴은 솜사탕처럼 내리는 눈을 바라만 보았어요. 분홍색 눈은 그칠 줄 모르고 더 세차게 쏟아졌지요. 아기 사슴은 얼마 전에 내린 눈을 떠올려 보았어요.

'그러고 보니 볼 때마다 눈 색깔이 다르네?'

참 신기한 일이었어요. 얼마 전에는 광산에서 일어난 폭발 사고로 회색 눈이 내렸어요. 지난 달에는 엄청난 흙바람 때문에 노란색 눈이 내렸고요. 문득 다음에는 또 어떤 색깔의 눈이 내릴지 궁금해졌어요.

엄마 사슴은 잠깐 옛 추억에 잠긴 듯 아련한 표정을 지었어요.

"엄마가 아주 어렸을 땐 눈을 먹기도 했단다. 그만큼 눈은 희고 깨끗했지. 눈이 오는 날이면 친구들이랑 눈사람도 만들고 눈싸움도 하고 얼마나 즐거웠는지 몰라. 그래서 겨울이면 모두 눈이 오기만을 손꼽아 기다렸는데."

엄마 사슴은 눈이 오면 밖으로 나갈 수 없다는 게 무척 속상했어요. 예전처럼 눈을 맞으며 썰매를 끌지도 못하고, 친구들과 눈사람을 만들지도 못하니까요. 작년에는 눈이 오던 날 썰매를 끌던 친구가 피부병에 걸려 고생한 적이 있었어요. 그 뒤로 사슴들은 눈을 더 무서워하게 되었죠.

엄마 사슴이 옛 생각에 잠겨 있는 동안에도 눈은 계속 내렸어요. 조금씩 조금씩 분홍색 눈이 동굴 앞에 쌓이기 시작했어요. 졸음이 몰려오는지 어느새 아기 사슴의 눈은 반쯤 감겨 있었어요. 엄마는 아기 사슴의 머리를 혀로 핥아 주었어요.

시간이 얼마나 흘렀을까요.

"툭!"

나뭇가지에 쌓인 눈이 제 무게를 이기지 못하고 땅으로 떨어졌어요. 엄마 사슴과 아기 사슴은 나뭇가지가 부러지는 소리에 눈을 번쩍 떴어요. 밖을 보니 어느 틈엔가 태양이 빛나고 있었어요. 쌓인 눈이 어느새 녹아 땅이 드러나 있었지요.

아기 사슴은 겨우 엄마의 허락을 받고 동굴 밖으로 나왔어요.

'토끼랑 오소리는 뭘 하고 있을까?'

아기 사슴은 수다쟁이들의 목소리가 그리웠어요. 하지만 숲 이쪽 저쪽을 살펴보아도 아무도 보이지 않았어요. 눈이 너무 많이 내려 모두 집 안에 꼭꼭 숨어 있나 봐요.

그때였어요.

"아기 사슴아, 누굴 찾니?"

어디선가 아기 사슴을 부르는 소리가 들렸어요. 하지만 주위를 둘러보아도 분홍색 눈더미 말고는 아무것도 보이지 않았어요. 아기 사슴은 잘못 들은 거라고 생각했어요.

"내 부탁 좀 들어 줄래?"

또 목소리가 들렸어요. 사슴은 다시 주위를 두리번거렸어요. 소리가 들리는 쪽에는 썰매 하나가 덩그러니 놓여 있었어요.

"썰매 네가 나한테 말을 한 거야?"

사슴의 말에 썰매는 고개를 끄덕였어요.

"아기 사슴아, 이제 눈이나 비가 오면 나도 함께 동굴에 데려가 주겠니? 요즘 눈을 맞고 나면 몸에 녹이 스는 기분이야. 제대로 움직일 수가 없다고."

아기 사슴은 썰매 위에 쌓인 눈을 툭툭 털어 냈어요. 그리고 천천히 썰매를 끌고 동굴로 향했어요.

'엄마의 어린 시절로 돌아가면 얼마나 좋을까?'

아기 사슴은 엄마에게 들었던 그 시절이 부러웠어요. 하얀 눈이 내리면 눈사람도 만들고 눈싸움도 하던 아주 오랜 옛날이.

🌱 눈과 비는 어떻게 만들어질까?

공기 중에는 수많은 물방울들이 둥둥 떠다니고 있어요. 그런데 지구가 더워지면 이 물방울들은 하늘 위로 올라가게 된답니다. 물을 끓이면 수증기가 위로 올라가는 것과 같아요. 이렇게 하늘 위로 올라간 물방울들은 기온이 내려가면 서로 엉겨붙어 구름이 됩니다. 그리고 구름이 점점 무거워지면 비가 되어 내리죠. 기온이 0℃보다 낮으면 물방울은 얼어 버려요. 이 얼어 버린 얼음덩이들은 다시 서로 엉겨 아래로 떨어지게 되는데, 이게 바로 눈이에요.

🌱 노란색 눈, 분홍색 눈

요즘은 공기가 많이 오염되었기 때문에 그 속에 있는 수많은 물방울들도 깨끗하지 않아요. 결국 눈, 비, 모두 깨끗하지 않다는 뜻이지요.

얼마 전에 러시아에는 악취가 심한 노란색 눈이 내린 데 이어 분홍색 눈이 내렸어요. 우리나라에서도 일부 지역에 분홍색 눈이 내렸다는 보도가 있었지요. 늘 하얀색이던 눈의 색깔이 바뀐 건 무엇 때문일까요?

우리나라의 경우 화학 약품을 사용하는 공장에서 대기 오염 물질을 그대로 방출했기 때문이에요. 걸러지지 않은 염료 등을 그대로 쏟아 내어서 눈 색깔마저 변하게 한 거예요.

러시아에서는 석유와 천연 가스를 생산하는 회사들이 오염 물질을 내뿜었기 때문에 이런 일이 생겼죠. 이러다가 '색깔 눈 주의보'가 생길지도 모르겠군요.

🌱 산성비, 산성 안개

어른들이 비를 맞지 말라고 한 건 오래전부터예요. 빗속에는 중금속과 발암 물질 등이 잔뜩 섞여 있으니까요. 우리나라에서 비가 온 날의 60% 정도는 산성비가 내렸다고 해요. 그 산성비 중에서도 절반 이상은 산림과 건물, 다리 등의 피해가 우려되는 수치를 나타냈다고 하죠. 이제 낭만적으로 비를 맞거나 눈을 맞을 수 있는 시대는 다시 오기 어려울 거예요.

강원도의 경우 산성 안개의 피해도 커요. 산성화된 안개는 용접시킨 구조물을 빨리 부식시킨답니다. 앞으로는 건축물을 지을 때 산성비나 산성 안개 등의 영향을 고려해서 설계해야 되겠지요?

황사는 왜 생기는 걸까?

　아무래도 사랑에 빠진 것 같았어요. 흰나비 화니는 작년에 본 라일락이 자꾸만 생각났어요. 다른 흰나비들은 모두 유채꽃을 찾아다녔지만 화니는 라일락이 가장 좋았어요. 보랏빛 라일락의 향이 쉽게 잊혀지지 않았지요.
　"라일락을 만나러 갈 거야."
　화니는 돌담에 앉아 숨을 고르고 있었어요. 이제 먼 길을 가려면 힘을 모아 두어야 해요. 라일락이 있는 곳은 화니가 하루 종일 날갯짓을 해야 할 정도로 멀답니다.
　"화니야, 정말 거기까지 날아갈 거야?"
　호랑나비가 옆에 살포시 앉으며 물었어요. 호랑나비는 화니를 이해할 수가 없었어요. 가까운 돌담 주변에도 알록달록 예쁜 꽃들이 참 많았거든요.
　"나를 기억할까?"
　화니는 라일락이 자신을 알아보지 못할까 봐 걱정이 되었어요.
　"라일락은 틀림없이 널 알아볼 거야."
　호랑나비는 날아가는 화니에게 빙그레 웃어 주었어요.

하지만 화니의 비행은 얼마 못 가 중단되고 말았어요. 갑자기 엄청난 모래 바람이 화니 쪽으로 불어 오기 시작한 거예요.

"휘잉휘잉."

바람은 도저히 날갯짓을 할 수 없을 정도로 무섭게 불었어요. 화니는 잠시 쉬기로 하고 바람을 피해 담장 아래로 숨었어요.

"세상에, 이게 뭐야!"

화니는 소리를 지르고 말았어요. 화니의 하얀 날개가 온통 먼지투성이가 돼 버린 거예요. 뿌연 먼지와 모래가 섞여 있는 아주 고약한 바람이었어요.

"이런 모습으로 어떻게 가지?"

화니는 금세 어깨가 처지고 말았어요. 이대로 날아가면 라일락이 화니를 못 알아볼지도 몰라요.

'안 되겠다. 깨끗이 씻고 내일 다시 날자.'

화니는 하는 수 없이 비행 계획을 내일로 미루었어요. 하루라도 빨리 라일락을 만나고 싶었지만 어쩔 수 없는 노릇이었죠.

다음 날이 되었어요. 화니는 하얀 날개를 쫙 펴 보았어요. 햇빛에 날개가 투명하게 빛났어요. 라일락을 생각하니 다시 기분이 좋아졌어요. 모래 바람 때문에 우울했던 기억은 저만치 날아가 버렸죠.

화니는 다시 힘차게 날개를 흔들었어요. 살랑살랑 부는 바람에 화니의 몸은 어느새 공중으로 쑥 날아올랐어요.

"오늘은 꼭 라일락을 만나고 말 테야!"

화니는 휘파람을 불며 신 나게 날았어요.

하지만 화니의 비행은 얼마 못 가 또 중단되고 말았어요. 어제보다 더 강한 모래 바람이 화니 쪽으로 불어 오기 시작한 거예요.

"휘잉휘잉, 파아!"

바람의 속도는 어마어마했어요. 도저히 눈을 뜰 수가 없을 정도였지요. 게다가 모래 바람 때문에 아무것도 보이지 않았어요. 모든 길은 모래 먼지 속으로 숨어 버린 것만 같았지요. 화니는 얼른 바람을 피해 건물 안으로 들어갔어요.

"도대체 여기가 어디지?"

화니는 울상을 지었어요. 아무래도 길을 잃은 것 같았어요. 뿌연 바람 때문에 어디가 어딘지 알 수가 없었어요.

'도저히 안 되겠어. 내일 다시 날자.'

화니는 하는 수 없이 계획을 또 미루었어요. 라일락이 무척 보고 싶었지만 어쩔 수 없었어요.

하지만 그 날 이후로 뿌연 모래 바람은 며칠이고 계속되었어요. 화니는 바람이 그치기만을 기다렸지요.

드디어 모래 바람이 그쳤어요. 화니는 하루 종일이 걸려 드디어 라일락을 찾았어요. 그런데 이를 어쩌죠? 화니가 도착했을 때 라일락은 이미 바람에 지고 없었어요.

어쩔 수 없이 화니는 눈물을 흘리며 내년이 오기만을 기다려야 했답니다.

🌱 황사가 뭐예요?

황사는 중국과 몽골에 있는 사막과 황토 지대의 작은 모래나 흙먼지가 바람에 날려 떠다니다가 떨어지는 현상을 말해요. 겨우내 얼어 있던 흙은 봄이 되어 녹으면서 잘 부서지는 작은 모래 먼지가 돼요. 이것이 강한 바람을 타고 떠올라 굵은 것은 바로 땅으로 떨어지고, 작고 누런 먼지들은 하늘로 떠다니다가 편서풍을 타고 수천 킬로미터를 날아서 우리나라, 일본, 멀리는 미국에까지 피해를 주고 있답니다.
중국 내륙 지역에서 불어 오는 황사는 '황색 폭탄'이라고 불릴 정도로 그 피해와 경제적 손실이 급격히 커지고 있어요.
중국은 최근 몇 년 동안 개발이라는 목적으로 많은 지역의 풀밭과 나무들을 훼손시켰어요. 이때부터 넓은 지역이 사막화되면서 황사는 국제적인 환경 문제로 떠올랐어요.
중국은 산업 개발로 이익을 얻으려다 생태 파괴와 환경 오염으로 더 큰 손실을 얻고 말았어요. 중국의 황사가 심한 지역은 한 치 앞이 안 보일 정도이며, 중국에서는 황사 먼지를 제거하기 위해 인공비를 내리기로 결정했답니다.

🌱 황사를 막을 방법은 없나요?

중국에서는 매년 서울 면적의 5배가 넘는 지역이 사막화되고 있습니다. 특히 몽골은 국토의 90% 이상이 사막화로 진행 중이에요. 최근 30년 동안 식물 종의 75%가 멸종할 정도로 그 상태는 아주 심각하답니다.
이렇듯 사막화 속도는 계속 빨라지는 추세라 황사 문제는 쉽게 사라지지 않을 거예요. 하지만 황사 현상을 막기 위해 지금 중국 내륙 지역에서는 나무 심기가 한창이에요. 땅의 성분을 식물이 자랄 수 있는 상태로 회복시키는 게 가장 먼저니까요.

🌱 황사로 생기는 질병과 예방 요령

황사에는 모래 가루를 비롯해서 각종 중금속이 포함되어 있어 여러 질병을 일으킬 수 있어요. 특히 호흡기 질환이나 눈병, 피부 질환에 걸리기 쉬워요. 불어 오는 황사를 막을 수는 없지만 조심하면 질병을 예방할 수는 있답니다.

① 황사가 심할 때에는 야외 활동을 자제하는 것이 좋아요. 외출을 해야 할 경우에는 보호 안경, 마스크, 긴 소매 옷 등을 입으세요.
② 외출 후에는 반드시 손과 발 등을 깨끗이 씻고 양치질을 해야 해요.
③ 황사가 실내에 들어오지 못하도록 창문을 닫아 두고, 황사에 오염된 물건은 깨끗이 씻어서 사용해요.

황사

계절이 뒤죽박죽이라고?

하느님은 사계절을 만들고서 아주 흡족했어요.
'내가 만들었지만 정말 근사하단 말이야. 계절이 저마다 갖고 있는 개성이 어찌나 멋진지.'
하느님은 계절이 바뀌는 걸 볼 때마다 흐뭇한 표정을 지었어요.
봄은 생동감이 넘쳤어요. 모든 것이 시작되는 계절이니까요. 죽은 줄 알았던 나무에서 새순이 돋아나고, 노란 개나리가 피고, 겨울잠을 자던 개구리가 잠에서 깨어 땅 위로 폴짝 뛰어오르죠.
여름은 짙은 초록빛으로 숲이 우거지고, 밤에는 마당에 누워 별을 보며 자도 좋을 만큼 따듯하지요. 풀벌레 소리는 정겹고, 푸른 바닷속에 풍덩 뛰어들면 마음까지 시원해져요.
가을은 가을대로 아름다워요. 색색의 코스모스가 피고, 하늘은 높고 푸르죠. 그뿐인가요, 노랗게 벼가 익은 모습도 아름답고, '바스락바스락' 낙엽 밟는 소리도 듣기 좋지요.
하느님은 이어 겨울을 떠올려 보았어요.
"겨울, 겨울은 춥지만 하얀 눈이 내리면 새로운 세상이 펼쳐지지. 게다가 곰과 다람쥐, 개구리들이 겨

울잠을 자러 가면 숲은 고요해져. 그 고요함도 참 좋아."

하느님은 손수 만든 이 자연의 시계가 참 마음에 들었어요.

그런데 언제부터인가 하느님이 만든 사계절에 이상이 생기기 시작했어요.

겨울에 개나리가 피고, 아직 봄도 오지 않았는데 개구리가 겨울잠을 자다 말고 뛰어나온 거예요. 무언가 뒤죽박죽이 되어 가고 있었어요.

"도대체 이게 무슨 일이야? 내가 만든 겨울은 이게 아니야. 내가 만든 겨울은 아주 추워야 해. 그래서 모든 자연이 추위를 견디며 봄을 기다려야 한다고."

하느님은 겨울과 봄도 구분하지 못하는 개나리를 꾸짖었어요.

"개나리야, 어찌된 일이니? 넌 내가 봄을 알리는 꽃으로 만들었단다. 그런데 벌써 꽃을 피우면 어떡해!"

개나리는 볼멘소리로 말했어요.

"저도 몰라요. 저는 그저 봄처럼 따듯한 햇살이 꽃봉오리를 간질이는 걸 느꼈어요. 그래서 벌써 봄이 온 줄 알았다고요."

개나리는 아직도 어리둥절한 표정이었어요.

아직 겨울잠을 자고 있어야 할 개구리도 마찬가지였어요. 하느님은 개구리를 보고 어이없다는 표정을 지었어요.

"개구리야, 너는 또 어찌된 일이니? 네가 겨울잠을 푹 자고 나서 폴짝 땅 위로 뛰어오르는 때가 봄이란다. 그런데 벌써 땅속에서 나와 돌아다니면 어떡해. 지금은 겨울이란 말이야!"

하느님의 호통 소리에 개구리는 그만 주눅이 들어 버렸어요. 도대체 무슨 일인지 영문을 알 수가 없었죠. 개구리 역시 억울하다는 듯 하소연했어요.

"우리 개구리들은 땅속의 온도가 올라가면 봄이 왔다는 걸 느낀답니다. 땅속 온도가 따듯하길래 뛰어나온 거예요. 그런데 아직 봄이 아니라니 기가 막힐 노릇이에요."

하느님은 개구리와 개나리의 당황한 표정을 보고서야 깨달았어요. 계절이 뒤죽박죽된 건 이들 탓이 아니라는 걸 말이에요.

'내가 손을 대지 않았는데 왜 계절이 제 맘대로 변하는 거지?'

하느님은 자연의 시계를 좀더 지켜 보기로 했어요.

시간이 흘러 봄이 되었어요. 하느님은 처음에 만들었던 봄을 상상했어요.

'이제 곧 벚꽃이 피겠군. 하얀 눈처럼 말이야.'

그런데 이게 어찌된 일일까요? 느닷없이 하늘에서 하얀 눈이 펑펑 내리는 게 아니겠어요? 하지만 그건 벚꽃이 아니었어요.

'겨울에 내리는 눈을 봄의 한가운데서 보게 되다니.'

하느님은 황당한 표정으로 하늘만 바라보았어요.

그때 한 아이가 울먹이며 하느님에게 말했어요.

"하느님, 속상해요. 겨울이 너무 따듯해서 눈이 다 녹아 버려 눈썰매도 타지 못했어요. 손꼽아 기다리던 봄 소풍은 눈 때문에 갈 수 없게 되었고요. 누가 이렇게 날씨를 만든 거죠? 엉엉."

아이는 마침내 펑펑 울음을 터뜨렸어요.

하느님은 어쩔 줄 몰라 머리를 감싸 쥐었어요. 자연의 시계가 어디에서부터 잘못되었는지 도저히 알 수가 없었어요. 이제 사람들은 하느님이 만들어 놓은 시계를 더 이상 믿을 수가 없었어요. 사람들은 매일 내일 날씨가 어떨지 걱정하게 되었어요. 뒤죽박죽인 날씨를 그 누구도 예측할 수 없었으니까요.

'내가 처음에 만들었던 멋진 사계절을 어떻게 하면 되살릴 수 있을까?'

하느님은 오늘도 이 고민 때문에 밤잠을 설치고 있답니다.

🌱 계절에 이상이 생겼어요

요즘은 이상 기후가 자주 나타나고 있어요. 겨울잠을 자던 동물들이 일찍 깨어나거나, 봄과 가을에 폭설이 내리기도 하지요. 이런 날씨가 계속된다면 사계절의 구분이 점점 사라져 생태계에 큰 혼란이 생길 거라는 연구도 나왔어요.

겨울의 평균 기온은 점점 올라가고 있는데, 무턱대고 겨울이 따듯해지는 걸 반길 수는 없답니다. 겨울이 따듯해진다는 건 '지구가 지금 열이 올라 아프다'는 뜻이니까요.

🌱 지구 온난화란?

지구의 기온이 전체적으로 올라가는 걸 '지구 온난화'라고 해요. 지구가 마치 온실 안에 들어 있는 것과 같아 '온실 효과'라고 부르기도 하지요. 이렇게 지구가 온실처럼 되는 이유는 바로 이산화탄소 때문이에요. 전 세계 대부분의 산업은 석탄, 석유, 천연 가스 등의 연료를 사용해요. 이때 많이 발생하는 이산화탄소는 지구에서 열이 빠져나가는 것을 막는답니다.

게다가 이산화탄소를 마셔 공기를 맑게 해주는 나무들이 점점 줄어드니 이산화탄소가 더욱 증가할 수밖에 없지요.

그러면 지구 온난화가 생태계에 끼치는 영향을 알아볼까요?

① 따뜻한 날씨를 좋아하는 해충들이 갑자기 늘어날 거예요. 그렇게 되면 곡식 수확량도 많이 줄게 되고, 해충 때문에 전염병이 생길 수도 있지요.
② 극지방의 빙하가 녹아 내려 바닷물이 높아질 거예요. 그러면 많은 섬나라들이 물에 잠겨 지구상에서 사라질지도 몰라요.
③ 2100년 즈음에는 지구의 평균 기온이 현재보다 최고 5.8℃ 이상 높아질 것이라는 연구 결과도 나왔어요. 이렇게 되면 높아진 기후에 적응하지 못한 생물들은 서서히 멸종될 거예요.

지구의 열을 내리는 방법은?

지금 전 세계는 지구 온난화를 크게 걱정하고 있어요. 앞으로 우리에게 어떤 일들이 닥칠지 모르기 때문이에요. 그래서 이산화탄소 배출을 줄이자는 국제 약속인 '교토 의정서'가 체결되었어요.
그렇다면 우리는 이산화탄소를 줄이기 위해 어떤 일을 해야 할까요?

대중 교통을 이용해서 자가용 사용을 조금이라도 줄여야겠어.

세탁기를 돌릴 때에는 모아서 한번에! 전기는 꼭 필요할 때만 써서 에너지를 절약해야지.

1회용품의 사용을 자제하고, 에어컨보다는 선풍기를 사용할게요.

폭우 때문에 견우와 직녀가 못 만난다고?

먼 옛날 하늘의 옥황상제에게는 직녀라는 어여쁜 딸이 있었어요. 직녀는 옷감을 아주 잘 짜는 재주를 가지고 있었어요.

어느 날, 옷감 짜는 일이 싫증난 직녀는 베틀을 내려놓고 창밖을 내다보았어요.

'아니, 저 사람은 누구지?'

직녀는 소 떼를 몰고 가는 한 목동을 보게 되었어요. 목동은 아주 잘생긴 젊은이였어요. 직녀는 목동에게 한눈에 반하고 말았지요. 목동의 이름은 견우였어요.

'저 사람은 장차 나의 남편이 될 사람이야.'

직녀의 마음이 콩닥콩닥 뛰었어요. 더 이상 옷감 짜는 일도 할 수 없었어요. 직녀는 당장 아버지에게 달려갔어요.

"아버지, 소 떼를 모는 목동과 결혼하고 싶어요."

옥황상제는 고민도 하지 않고 직녀와 견우를 혼인시켜 주었어요. 견우의 됨됨이는 이미 들어서 알고 있었거든요.

그러나 견우와 직녀는 행복한 나머지 점점 게을러졌어요. 직녀는 예전처럼 옷감을 짜지 않았고, 견우도 소 떼를 돌보지 않았지요.

"결혼한 이후로 두 사람은 자신의 일을 전혀 돌보지 않는구나."

도무지 말을 듣지 않는 두 사람 때문에 옥황상제는 화가 잔뜩 났어요. 그래서 두 사람을 영원히 떼어 놓기로 했어요. 결국 견우는 은하수 건너편으로 쫓겨났고, 직녀는 쓸쓸히 남아서 베틀을 돌려야 했답니다. 대신 옥황상제는 1년에 한 번, 음력 7월 7일 밤에만 두 사람이 은하수를 건너 만날 수 있게 허락하였어요.

드디어 음력 7월 7일이 되었어요. 직녀는 견우를 애타게 기다렸어요. 그런데 비가 많이 내리는 바람에 강물이 불어나 배가 뜨지 못하게 되었어요. 직녀는 눈물을 펑펑 흘렸어요. 견우가 보고 싶어 견딜 수가 없었지요.

바로 그때였어요. 갑자기 하늘에서 까치들이 날아와 다리를 만들어 주었어요. 비도 견우와 직녀를 갈라 놓지는 못했지요. 견우와 직녀는 까치들 덕분에 행복한 하루를 보냈어요.

하지만 견우와 직녀의 행복은 오래 가지 못했어요. 1년을 손꼽아 기다렸는데 해마다 7월 7일이면 하늘에 구멍이 뚫린 것처럼 비가 내렸기 때문이에요.

"왜 이렇게 비가 그치지도 않고 내리는 걸까?"

쏟아지는 폭우를 바라보며 직녀는 소리 내어 펑펑 울었어요. 그러면 까치들이 직녀의 울음소리를 듣고 날아와 도와줄 거라 믿었지요.

하지만 웬일인지 까치마저 보이지 않았어요. 새들도 날기 힘들 만큼 비가 무섭게 쏟아졌거든요.

직녀는 견우를 만나지 못한 채 발길을 돌렸어요. 그때 빗속에서 까만 점이 하나 보였어요. 빗속을 뚫고 직녀에게로 점점 다가오고 있는 건 바로 까치 한 마리였어요.

직녀는 반가운 마음에 까치를 얼른 품에 안았어요.

"까치야, 어떻게 된 거야?"

까치는 숨을 헐떡이며 말했어요.

"직녀 아가씨, 미안해요. 이렇게 비가 많이 오면 우리도 아가씨와 견우님을 도울 수가 없어요. 이상 기온 때문에 요즘 걸핏하면 홍수와 가뭄이 끊이질 않거든요. 이번 홍수에 집마저 모두 떠내려가 버렸어요."

까치는 어깨를 축 늘어뜨린 채 더 이상 말을 잇지 못했어요.

직녀는 한숨을 내쉬었어요. 아무래도 옥황상제가 벌을 내린 것만 같았어요. 이번에는 환경을 생각하지 않는 모든 사람들에게 내리는 벌이었죠.

"아버지는 늘 사람들에게 경고하셨어. 지구가 병들기 전에 환경을 잘 지키라고 말이야. 그러지 않으면 무서운 재앙이 일어날 거라고 했는데."

견우와 직녀는 언제쯤 다시 만날 수 있을까요? 직녀는 오늘도 베 짜는 것도 잊은 채 하루빨리 견우를 만나게 해 달라고 기도하고 있어요.

'부디 내년에는 이상 기온 현상이 일어나지 않게 해주세요.' 하고 말이죠.

🌱 이상 기온 현상은 왜 생기는 걸까요?

요즘은 지구 곳곳에서 이상 기온 현상으로 골머리를 앓고 있어요. 갑자기 폭우가 쏟아져서 홍수가 나거나, 오래도록 비가 내리지 않아 극심한 가뭄에 시달리기도 하지요.

학자들은 지구의 기후가 전체적으로 급작스럽게 변하는 이유는 대기 오염 탓이라고 말해요. 대기에 이산화탄소가 많아져 지구 온난화가 일어나고 결국 바다의 상태도 악화시키는 거예요.

🌱 엘니뇨와 라니냐

엘니뇨와 라니냐는 지구를 몸살 나게 하는 대표적인 이상 기온 현상이에요. 이들 때문에 지구 곳곳의 날씨가 뒤죽박죽 되고 있지요.

엘니뇨는 적도 부근 동태평양의 바닷물 온도가 보통 때보다 높아지는 현상을 말해요. 바닷물의 온도가 높은 상태로 5개월 이상 지속되면 아메리카 대륙 쪽에는 폭풍

과 홍수가 일어나요. 폭우가 쏟아져 물고기가 잡히지 않는 등 피해가 아주 크답니다. 그리고 인도와 인도네시아, 아프리카 일부 지역에서는 가뭄이 들고 산불이 자주 일어나지요.

엘니뇨는 스페인어로 '아기 예수' 혹은 '남자아이'라는 뜻이에요. 페루 어부들은 크리스마스 즈음이면 신이 났지요. 갑자기 바닷물이 따듯해져 못 보던 물고기들이 많이 잡히기 때문이에요. 그래서 이런 행운에 감사하는 뜻으로 바닷물의 온도가 높아지는 현상을 '엘니뇨'라고 부르게 되었어요. 하지만 그 뒤로 바닷물의 온도가 계속 높아지자 물고기의 먹이가 되는 플랑크톤이 줄어들고, 홍수, 태풍, 가뭄 등을 불러오는 재앙이 되어 버렸지요.

라니냐는 반대로 동태평양의 바닷물 온도가 낮아지는 것을 말해요. 라니냐가 발생하면 이번에는 인도네시아를 포함한 동남아시아 지역에 홍수가 난답니다. 반대로 페루 등 남아메리카 지역에는 가뭄이 찾아오죠. 라니냐는 '여자아이'라는 뜻이에요.

🌱 세계의 기상 이변 현상

1997~1998년도의 엘니뇨는 지난 200년 동안의 기간 중에서 최고의 엘니뇨로 기록되고 있어요. 이 기간 중에 세계 여러 나라에서는 갑작스런 기상 이변 현상이 많이 일어났어요.

① 1997년 브라질 남동부 미나스제라이스 주에서는 엄청난 양의 비가 내려 2만 명이 넘는 이재민이 발생했어요.
② 호주에서는 40℃ 이상의 고온이 계속되어 50건이 넘는 산불이 발생했어요.
③ 중국에서는 폭설로 2천 명에 달하는 사람이 죽었어요.

생활·에너지

Chapter 4

그 많은 쓰레기는 어디로 갈까?

쓰레기를 판다고?

소음도 공해라고?

돈 안 들이고 에너지를 만들 수는 없을까?

방사능이 무시무시한 거라고?

그 많은 쓰레기는 어디로 갈까?

곰 아저씨는 숲 속의 청소 반장이에요. 산에 버려진 과자 봉지, 냇가에 둥둥 떠다니는 빈 병 모두 아저씨가 청소를 하지요.

"알아서 잘 버리면 얼마나 좋아. 혼자서 숲을 청소한다는 건 너무 힘들어."

곰 아저씨는 오늘도 코를 막고 쓰레기를 치우기 시작했어요. 푹푹 썩는 냄새는 해가 갈수록 심해졌지요.

그 때문에 여기저기서 항의 섞인 편지도 끊이질 않았어요.

곰 아저씨, 더 이상 땅속에서 살 수가 없어요.
쓰레기 때문에 정말 못 살겠어요.
냇가도 엉망이에요. 물에서 냄새가 심하게 나요.

편지는 땅속에 사는 두더지와 냇가에 자주 가는 두꺼비가 보낸 것이었어요. 편지를 읽은 곰 아저씨는 화가 잔뜩 났어요.

"도대체 누구 짓이야?"

곰 아저씨는 당장 두더지를 찾아갔어요. 두더지는 아주 괴로운 듯 머리를 감싸쥐고 있었어요. 땅을 팔 때마다 쓰레기가 나오니 그럴 만도 했지요.

"이것 보세요. 이게 전부 땅속에서 나온 쓰레기예요. 묻으면 다 썩는 줄 알지만 요즘은 썩지 않는 쓰레기가 훨씬 많다고요."

두더지의 집 앞에는 어느새 쓰레기가 잔뜩 쌓여 있었어요.

"이번에는 철저히 조사해서 따끔하게 혼을 내 주겠어!"

청소 반장 곰 아저씨는 팔을 걷어 부쳤어요. 그러고는 쓰레기를 자세히 살펴 보았어요. 그런데 순간 이상한 기분이 들었어요. 쓰레기더미 속에서 나오는 공책, 신발, 음식 찌꺼기 등이 낯익은 거예요.

"앗!"

쓰레기를 본 곰 아저씨는 얼굴을 들 수가 없었어요. 깡통은 곰 아저씨가 늘 즐겨 먹는 복숭아 통조림이었어요. 몇 년 전에 버린 게 여태 썩지 않고 땅속에 숨어 있었던 거예요. 게다가 음식 찌꺼기는 며칠 전에 곰 아저씨가 땅에 묻은 것이었어요. 음식을 너무 많이 만들었다가 다 먹지도 못하고 버린 거였죠.

"음식 찌꺼기는 금방 썩을 줄 알았는데."

곰 아저씨는 머리를 긁적거렸어요. 자기가 버린 쓰레기 때문에 두더지의 집이 엉망이 되었으니까요.

"두더지야, 미안해. 내가 잘못 생각했어. 쓰레기는 눈에 띄지 않게 버리면 그만이라고 생각했어."

곰 아저씨는 땅속에 묻었던 쓰레기를 몽땅 짊어지고 나왔어요.

이번에는 두꺼비가 있는 냇가로 갔어요. 두꺼비는 냇가에서 나는 고약한 냄새 때문에 괴롭다며 화가 나 있었어요.

"쿵쿵, 위에서 누군가 나쁜 쓰레기를 물에 흘려 보내고 있는 게 분명해요. 물 위에 둥둥 뜬 기름을 보라고요!"

"걱정 마. 이번에는 철저히 조사해서 따끔하게 혼을 내 주겠어!"

곰 아저씨는 당장 냇가 위쪽으로 올라갔어요. 그런데 순간 고개를 갸웃거렸어요. 위쪽에서 들려 오는 목소리가 곰 아저씨네 식구들인 것 같았기 때문이에요.

"앗!"

현장을 목격한 곰 아저씨는 얼굴을 들 수가 없었어요. 곰 아저씨의 아이들이 물가에서 장난을 치며 물감을 마구 씻고 있었어요. 곰 아저씨의 부인은 요리하고 남은 기름을 그냥 물에 버리고 있었죠.

'등잔 밑이 어둡다더니.'

곰 아저씨는 당장 가족들을 따끔하게 야단쳤어요. 숲을 쓰레기 산으로 만드는 범인이 자기 가족들일 거라고는 상상도 하지 못했거든요.

곰 아저씨는 두꺼비에게 사과했어요.

"두꺼비야, 미안하다. 앞으로 청소 반장의 임무를 더 열심히 할게."

곰 아저씨는 물 위에 뜬 쓰레기들과 기름을 모두 걷어 내고 집으로 돌

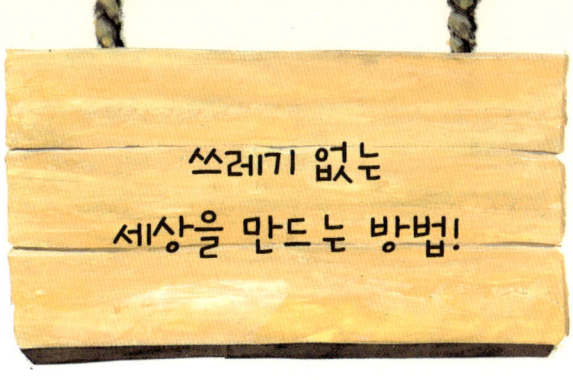

쓰레기 없는 세상을 만드는 방법!

아갔어요.

하지만 당장 걱정이었어요.

'갖고 온 쓰레기들을 도대체 어디에 버려야 하지?'

아무리 돌아다녀도 쓰레기를 버릴 만한 곳은 어디에도 없었어요. 곰 아저씨는 저절로 이런 생각이 들었어요.

'쓰레기가 나오지 않는 생활을 해야겠어.'

아저씨는 숲 속 입구에 이런 글을 걸어 놓았어요.

쓰레기 없는 세상을 만드는 방법!

그리고 곰 아저씨네 가족이 먼저 그 방법들을 실천하기 시작했어요.

이후로 곰 아저씨가 할 일이 점점 줄어들었어요. 숲이 아주아주 깨끗해졌거든요. 과연 쓰레기를 만들지 않는 방법은 뭘까요?

🌱 쓰레기란?

쓰레기더미

더 이상 쓸 수가 없어서 버리는 것을 쓰레기라고 해요.
우리가 흔히 버리는 종이나 과자 봉지 같은 생활 쓰레기, 공장이나 여러 산업 시설물에서 나오는 기름, 더러운 흙 등의 산업 폐기물, 핵 발전소에서 나오는 핵 폐기물까지 우리 주변은 쓰레기로 넘쳐 납니다. 게다가 쓸 수 있지만 그냥 버리는 것들도 많아 결국 우리가 사는 곳은 거대한 쓰레기통이 될지도 몰라요.

🌱 쓰레기는 잘 사라지지 않는다

쓰레기의 순환과정

우리는 쓰레기를 버릴 때 다시 재활용해서 쓸 수 있는 것과 재활용하기 어려운 것을 분리해서 버립니다. 이중 재활용되지 않는 쓰레기는 대부분 매립지에 묻거나 소각장에서 불에 태워요. 그런데 이렇게 처리되는 쓰레기는 썩으면서 독한 물질을 만들어 내요. 이 물질이 물의 흐름을 타고 결국 논밭

이나 우리가 쓰는 수돗물로 들어올 수 있답니다.
또한 쓰레기를 불에 태울 때 나오는 유독 가스 역시 지구에 아주 해로워요. 결국 쓰레기가 흔적 없이 깨끗하게 사라지지는 않는다는 뜻이죠. 그러니 쓰레기의 양을 무조건 줄이는 게 환경을 위해 꼭 해야 할 일이에요.

쓰레기를 줄이는 다양한 방법

쓰레기를 제대로 분류하는 것보다 더 중요한 건 바로 쓰레기를 만들지 않는 거예요. 곰 아저씨는 생활 쓰레기를 어떻게 줄이고 있는지 알아볼까요?

① 포장이 많이 된 제품은 가능한 한 사지 마세요. 포장 제품은 쓰레기의 3분의 1이나 차지할 만큼 많은 양의 쓰레기를 만들어 낸답니다.
② 1회용품은 되도록 사용하지 마세요. 종이컵 대신 개인 컵을, 나무젓가락 대신 개인 수저를, 물티슈 대신 손수건을 사용하는 좋은 습관을 기르세요.
③ 중고품이나 재활용품을 애용하세요. 중고품 가게에서 필요한 것과 교환해서 쓰면 쓰레기를 줄이는 데 큰 도움이 돼요. 우리나라에서 쓰고 버리는 가전 제품만 해도 1년에 1,000만 대가 넘는대요.
④ 장바구니를 사용해 비닐 봉지 쓰레기를 없애요.
⑤ 음식 투정을 하지 않고 남김 없이 맛있게 먹어요.

쓰레기를 판다고?

"아이고, 냄새야."

"냄새 때문에 다른 일을 할 수가 없어."

토끼들은 마을 공터를 지나갈 때마다 괴로웠어요. 공터 옆에 우뚝 솟은 포도주 공장 때문이었죠. 이 공장에서 생산된 포도주는 빛깔 좋은 포도주로 유명했어요. 하지만 술을 만들고 남은 포도 찌꺼기들은 아주 골칫거리였죠. 특히 여름이면 쓰레기 썩는 냄새로 마을은 난리가 난답니다. 토끼들은 이 문제를 해결해 달라며 아우성이었어요.

'쓰레기 때문에 돈을 쓰려니 너무 아까운걸.'

공장 주인인 여우는 한참을 고민했어요. 쓰레기를 처리하려면 돈이 많이 들거든요. 여우는 이번에도 그냥 시치미를 뚝 떼고 넘어갈 작정이었어요.

그러던 어느 날이었어요. 토끼 지니가 여우네 공장을 찾아왔어요. 그러고는 대뜸 이렇게 말했어요.

"공장에서 나오는 쓰레기를 제가 몽땅 가져가면 안 될까요?"

여우는 눈이 휘둥그레졌어요. 그렇잖아도 쓰레기 때문에 골치였는데 지니가 처리해 주겠다고 하니 말이에요.

'세상에 아무짝에도 쓸모 없는 쓰레기를 달라니.'

여우는 속으로 빙그레 웃었어요.

"쓰레기야 얼마든지 줄 수 있어. 네가 가져가 준다면 나야 돈 안 들이고 쓰레기를 버리는 셈이니까. 생각이 바뀌기 전에 얼른 몽땅 가져가렴."

그런데 정말 궁금해서 견딜 수가 없었어요. 여우는 지니를 붙잡고 물었어요.

"그런데 지니야, 도대체 쓸모 없는 이 쓰레기를 어디에 쓰려고 그러는 거니?"

영리하기로 소문난 토끼 지니는 귀를 쫑긋 세우며 이렇게 말했어요.

"저는 무엇이든 실험하고 연구하기를 좋아한답니다. 그런데 포도 찌꺼기를 볼 때마다 아깝다는 생각이 들었어요. 포도 껍질, 포도 씨 모두 몸에 좋은 것들이잖아요. 이번에는 포도 찌꺼기를 재활용해서 새로운 상품을 만들어 볼 생각이에요."

"그래, 그런 실험이야 나쁘지 않지."

여우는 피식 웃었어요. 지니의 말이 터무니 없게

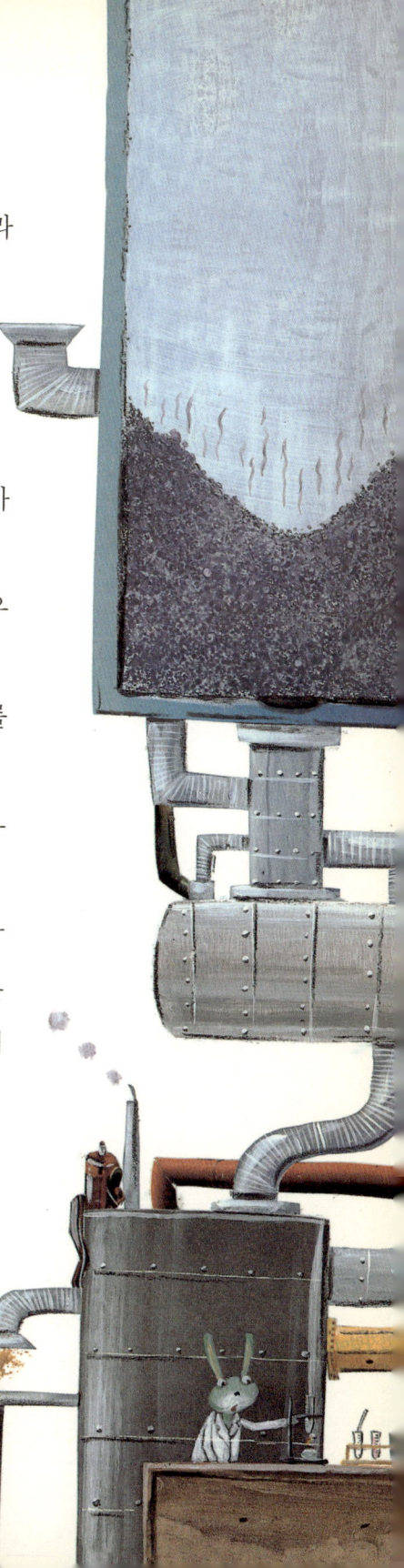

들렸거든요. 썩어 가는 포도 찌꺼기를 어디에 쓸 수 있겠어요?

　마침내 지니의 연구가 시작되었어요. 지니는 포도 껍질과 씨를 발효시켜 온갖 실험을 해 보았어요.

　드디어 몇달 후, 포도 찌꺼기 속에 묻혀 살던 지니가 소리쳤어요.

　"됐다!"

　지니가 만든 건 바로 가축들이 먹을 사료였어요. 비록 쓰레기이기는 했지만 포도 씨나 껍질은 영양분이 아주 많았답니다. 이 사료를 먹은 동물들은 살이 포동포동 찔 정도였지요. 찌꺼기로 만든 사료는 아주 싼값에 불티나게 팔렸어요.

　그러자 공장 주인인 여우는 괜히 시샘하는 마음이 생겼어요.

　'세상에, 내가 공짜로 준 쓰레기로 돈을 벌다니, 대단한걸.'

　여우는 지니에게 쓰레기를 팔기로 작정했어요.

　"이제 포도 찌꺼기를 가져가려면 돈을 내거라."

　지니는 여우의 속셈이 괘씸해 이번에는 다른 쓰레기로 실험해 보기로 했어요.

　"그래, 저거야!"

　지니가 발견한 건 학교 식당에서 나오는 라면 국물이었어요.

　라면 국물은 처리하기가 아주 곤란한 것이었지요. 물에 그대로 버리면 그 물을 다시 맑게 하는 데에도 엄청나게 많은 돈이 들거든요.

　"이번 실험이 성공하면 물을 깨끗하게 하는 데에도 한몫 하겠는걸?"

　그날 이후로 지니는 라면 국물로 실험을 시작했어요. 지니의 가족들

은 아예 코를 틀어막고 살아야 했죠.

"실험도 좋지만 그 냄새 때문에 정말 미칠 지경이구나. 도대체 연구는 언제 끝나는 거야? 라면 국물로 뭘 할 수 있겠어?"

하지만 얼마 지나지 않아 지니의 방에서 기쁨에 찬 소리가 들려 왔어요.

"됐다!"

과연 지니가 라면 국물로 개발한 것은 무엇이었을까요?

며칠 후, 지니네 학교 버스에는 이런 플래카드가 걸려 있었어요.

<이 버스는 라면 국물을 발효시켜 만든 천연가스로 운행합니다.>

🌱 우리나라 쓰레기의 양

우리나라의 1인당 쓰레기 발생량은 2004년 기준으로 1일에 1.02kg이라고 해요. 이는 미국, 캐나다, 프랑스 등의 선진국에 비해 적은 편이지요. 우리나라가 이렇게 양호한 수치를 보이는 것은 쓰레기 종량제를 실시한 덕분으로, 재활용품을 분리해 버림으로써 쓰레기 발생량을 줄일 수 있었지요.

🌱 쓰레기도 자원이 될 수 있다

미국에서는 실제로 '쓰레기 사업'이 아주 활발하게 일어나고 있어요. 미국의 '마이클 댈리'라는 사람은 공장에서 쓰레기로 나오는 석고를 따로 모아 되팔아 수익을 올렸어요. 이후로 포도주 공장에서 나오는 포도 껍질과 씨, 설탕 공장에서 나오는 쓰레기 등을 활용해 비료를 만들어 큰 수익을 올렸답니다.

🌱 쉽게 재생할 수 있는 쓰레기들

지금 당장 있는 그대로 재생해 쓸 수 있는 쓰레기들은 얼마든지 많아요. 이런 것들은 철저하게 분리해서 수거하는 것이 중요하지요.

| 종이 | 우리나라는 종이의 원료인 나무를 대부분 수입해요. 재활용할 폐지까지도 수백만 톤씩 수입할 정도랍니다. 그런데도 우리나라 사람들은 종이를 아주 쉽게 쓰고 버려요. 다 쓴 종이만 잘 모아도 큰 자원이 되겠죠?
지나간 신문이 다시 재생지로 탄생하려면 이런 과정을 거쳐요.
① 재생 공장에 모인 신문을 기계로 잘게 잘라요.
② 잉크를 씻어 낸 다음 물과 섞어 종이죽처럼 만들어요.

③ 그후 기계 속에서 깨끗한 재생지로 만들어져 나와요.
(1년 동안 신문을 모으는 것은 30년생 나무 한 그루를 살리는 아주 대단한 일이랍니다.)

| 유리 | 유리는 100% 재활용이 가능한 재료예요. 그러니 병 제품은 반드시 회수될 수 있도록 조심해서 다뤄 주세요. 유리는 빻아서 모래, 석회, 나트륨과 같은 원료와 함께 섞어 높은 온도에서 다시 새로운 모양의 병으로 만들어집니다.

| 알루미늄 | 캔, 호일, 식기류 등은 전부 재활용할 수 있어요. 분리 수거할 때 반드시 깨끗이 씻어 부피를 줄인 후 내놓으세요.

| 플라스틱 | 음료수 병으로는 섬유를 만들어요. 플라스틱의 종류 중 PVC는 수도관으로 다시 태어나기도 해요.

| 고철 | 높은 온도에서 녹여 새로운 모양의 철물을 만들 수 있어요. 고철은 비싼 가격에 팔린답니다.

소음도 공해라고?

"두기야, 엄마 시장 갔다 올게."

엄마 비둘기는 장바구니를 챙기며 말했어요. 하지만 두기는 아무런 대꾸도 없었어요. 마침 길 옆으로 자동차 경적 소리가 '빵빵!' 울리고 있었거든요.

'차 소리에 못 들은 모양이군.'

엄마 비둘기는 다시 큰 소리로 말했어요.

"두기야, 엄마 시장 갔다 온다고!"

엄마 비둘기는 목소리를 조금 높여 말했어요. 하지만 두기는 여전히 아무 말이 없었어요. 그때 마침 "칙칙폭폭" 기차 지나가는 소리가 들렸거든요.

"두기야, 엄마 시장 간다!"

엄마 비둘기는 어마어마하게 목청을 높여 다시 말했어요. 그제야 두기는 뒤를 돌아보았어요. 엄마 비둘기는 힘이 쭉 빠지는 기분이었어요.

도시로 이사 온 후로 엄마 비둘기는 두기를 부를 때마다 세 번, 네 번 목청을 높여야 했답니다.

"그래, 이사를 가야겠어."

엄마 비둘기는 결심을 했어요. 지금 살고 있는 곳은 너무 시끄러워 살 수가 없었어요.

'이번에는 좀더 높은 곳으로 가자.'

엄마 비둘기는 높은 아파트로 이사를 했어요.

높은 곳에 있으면 도로의 차 소리도, 가게에서 들려 오는 시끄러운 음악 소리도 들리지 않을 거예요.

"두기야, 우리 운동하러 갈까?"

엄마 비둘기는 줄넘기를 챙기며 말했어요. 하지만 두기는 아무런 대꾸도 없었어요. 마침 아파트 옆으로 난 고가 도로에서 트럭이 지나가는 소리가 크게 들렸거든요.

'트럭 소리에 못 들은 모양이군.'

엄마는 다시 큰 소리로 말했어요.

"두기야, 우리 운동하러 가자!"

엄마 비둘기는 목소리를 조금 높여 말했어요. 하지만 두기는 여전히 아무 말이 없었어요. 때마침 멀리 비행기 지나가는 소리가 들렸거든요. 엄마는 힘이 쭉 빠졌어요. 높은 곳으로 이사 와도 아무 소용이 없었어요.

'높은 곳은 조용할 줄 알았는데.'

엄마 비둘기는 한숨이 절로 나왔어요. 두기네는 수도 없이 이사를 했어요. 조용한 곳을 찾아 계속 떠나온 거죠. 하지만 어딜 가나 소음이 가득했어요. 이제는 작은 소리에도 신경이 날카로워지는 것만 같았어요.

결국 두기네는 도시를 떠나기로 했어요.

"두기야, 조용한 숲으로 돌아가자꾸나."

숲 속은 그 어떤 도시보다 조용할 거예요. 자동차 경적 소리도, 사람 많은 거리에서 들려 오는 온갖 소리도 들리지 않을 거예요.

다음 날이었어요.

"드르르르륵, 드르르르르."

땅을 파헤치는 소리가 아침부터 들려 오기 시작했어요.

엄마 비둘기와 두기는 두 귀를 꽉 막았어요. 숲에서 조용한 아침을 맞을 거란 기대는 순식간에 깨지고 말았지요. 엄마 비둘기는 당장 달려나가 이웃에 사는 비둘기에게 물었어요.

"이게 도대체 무슨 소리예요?"

숲 속에 사는 새들은 한 목소리로 말했어요.

"여기에 아주 큰 공원이 만들어진대요. 그때까지는 좀 시끄러워도 참으세요."

엄마 비둘기는 울상을 짓고 말았어요. 숲 속에 와도 소음은 피할 수가 없었어요.

"두기야, 우린 언제 소곤소곤 대화할 수 있을까?"

두기는 멀뚱히 엄마 얼굴만 쳐다보았어요. 그때 마침 "드르르르륵." 땅 파는 소리가 들렸거든요. 이번에도 두기는 엄마가 하는 말을 하나도 못 알아들었답니다.

🌱 소음이란?

듣기에 불쾌하고 거북한 소리, 흔히 시끄러운 소리를 소음이라고 해요. 소음은 정상적인 생활을 방해하지요. 심지어는 병에 걸릴 수도 있답니다. 이렇게 생활에 해를 끼치는 소음은 우리 주변에 너무 많아요.
자동차 경적 소리, 공사장에서 들려 오는 소리, 번화한 거리에서 들려 오는 사람들 소리. 이런 것들이 소음 공해를 일으키는 중요한 요인들이죠. 하지만 이런 소리가 너무 흔하다 보니 오히려 소음을 당연하게 여기는 사람들이 많아요. 소음이 이웃에게 얼마나 큰 피해와 고통을 주는지 깨닫고, 최대한 소음을 내지 않으려고 노력하는 것도 환경을 지키는 한 방법이랍니다.

🌱 무시무시한 소음

한 실험 결과를 보면, 소음을 잔뜩 들려 준 쥐는 스트레스를 많이 받아서 새끼를 잡아먹었대요. 게다가 심장마비를 일으켜 죽고 말았답니다.
이 결과는 쥐에게 해당하는 것만은 아니에요. 사람도 듣기 싫은 소음을 계속 듣게 되면 청각은 물론 심장 계통이나 소화기 쪽에 나쁜 영향을 미치고, 스트레스를 많이 받아 정신 질환을 앓을 수도 있답니다. 또한 어릴 때 소음이 심한 곳에서 생활하면 언어 장애를 일으킬 수 있다는 연구 결과도 나왔어요.

🌱 우리 생활 속의 소음들

소리 측정 단위는 '데시벨'이에요. 사람이 들을 수 있는 단계는 0데시벨에서 듣기 고통스러운 120데시벨까지 있어요. 우리가 보통 일상적으로 나누는 말소리는 40~60데시벨이에요.

70데시벨 이상이 넘어가면 피로감을 느끼고 듣기 싫어지는데 다음과 같은 소리들을 예로 들 수 있죠.

| 80데시벨 | 자동차, 지하철 등에서 나는 소리
| 85데시벨 | 실내 수영장에서 들리는 소리
| 105데시벨 | 볼륨을 잔뜩 올린 음악 소리
| 120데시벨 | 가까운 곳에서 들리는 비행기 엔진 소리

🌱 소음을 줄여요

소리를 내지 않고 살 수는 없지만, 소음이 되는 소리를 줄일 수는 있어요.

저처럼 소리를 너무 크게 해서 음악을 듣지 마세요. 청력이 나빠지는 지름길이에요.

자동차의 소음을 줄일 수 있는 획기적인 방법을 연구하고 있어요.

운행 속도를 조금 줄이고, 성급하게 경적을 울리지만 않아도 소음 공해는 많이 줄어들죠.

소음을 흡수하는 아스팔트가 이미 나와 있어요. 각종 산업 시설이나 오락 시설을 지을 때 방음 시설만 제대로 해도 도시의 소음은 많이 줄어들죠.

돈 안 들이고 에너지를 만들 수는 없을까?

"밤 12시 이후로는 전기 사용이 중지됩니다."

그 말이 끝나기 무섭게 모든 건물의 불이 '툭' 꺼졌어요. 공장, 학원, 아파트는 순식간에 어둠에 파묻혀 버렸죠.

"세상에, 전기도 마음껏 못 쓰게 되다니."

"이럴 줄 알았으면 미리 좀 아껴둘걸."

그제야 헤픈 마을의 동물들은 후회를 했어요. 하지만 때는 이미 늦었어요. 전기를 만들어 쓰던 석유가 바닥났으니 이제 남은 석유를 아끼고 또 아껴 쓰는 수밖에 없었답니다.

그런데 신기하게도 옆 동네 자연 마을은 밤에도 마음껏 불을 사용했어요. 캄캄한 방 안에서 창 밖을 내다보면 자연 마을의 불빛만이 반짝거리고 있었지요.

'도대체 저 마을 친구들은 무슨 배짱으로 전기를 펑펑 쓰는 거지?'

호기심 많은 양은 궁금해서 견딜 수가 없었어요. 밤새 머리를 이리 굴리고 저리 굴리며 그 방법을 생각해 보았죠. 하지만 알 수 없었어요.

'설마 우리 마을 석유를 몰래 훔쳐다 저장해 놓았던 게 아닐까?'

꼬리에 꼬리를 물고 이어지는 생각 때문에 양은 밤을 꼴딱 세웠어요.

양은 동이 트자마자 자연 마을을 찾아갔어요. 그리고 하루 종일 마을을 뒤졌지만 별다른 걸 발견하지 못했어요. 그저 이름 그대로 '자연'을 그대로 보존하고 살아가는 소박한 마을일 뿐이었어요.

양은 자연 마을의 어른인 암탉에게 물었어요.

"도대체 전기 걱정을 하지 않고 살 수 있는 비결이 뭐예요?"

암탉은 양의 물음에 껄껄 웃었어요.

"비결이 뭐냐고? 우리 마을을 보면 알겠지만, 몇백 년 동안 변한 것이 별로 없단다. 그저 늘 하던 대로 생활할 뿐인걸."

암탉은 양에게 마을을 구경시켜 주었어요.

"저기 풍차를 봐. 바람을 이용한 풍차는 지금도 우리에게 에너지를 만들어 주고 있단다. 바람은 예나 지금이나 변함 없이 불어 오니까 바닥날 염려가 없지."

그때 마침 골목이 어두워지자 가로등에 불이 환하게 들어왔어요.

"우린 바람이 주는 에너지로 가로등을 켠단다. 가로등을 켜는 데는 바람이 만들어 주는 에너지이면 충분하지."

"흠흠."

그때 목에 힘을 주며 거위가 나타났어요. 거위는 헤픈 마을의 동물들이 석유를 마구마구 쓰는 걸 항상 못마땅하게 여기고 있었어요.

"처음엔 다들 우리 마을이 가장 못 산다고 업신여기더니. 우린 바람 말고도 자원이 무궁무진하다고!"

거위는 어깨를 으스대며 날개를 들어 어딘가를 가리켰어요.

"저쪽에 바다가 있는 줄은 알지? 우린 오래전부터 바다의 썰물과 밀물의 힘을 이용해서 에너지를 만들어 왔어. 자연을 잘만 이용하면 에너지 걱정은 없단다."

그러자 이번에는 두더지가 땅속에서 얼굴을 쏙 내밀었어요.

"그뿐만이 아니에요. 우린 땅속에서 나는 열을 가지고도 에너지를 만들어요. 에구, 더워."

두더지는 손 부채질을 몇 번 하더니 다시 제 집으로 쏙 들어갔어요.

양은 기가 죽었어요. 그저 가난한 마을이라 생각했던 자연 마을이 이렇게 잘 살고 있는 줄은 정말 몰랐거든요.

양은 집으로 돌아와서 일기를 썼어요. 그리고 얼른 이 사실을 헤픈 마을 동물들에게 알려야겠다고 생각했지요. 자연은 누구에게나 공평한 것이니까요.

오늘 자연 마을을 구경하고 왔다.
세상에! 그 마을 친구들은 마을 이름 그대로
자연을 제대로 사용하고 있었다.
집집마다 태양열을 저장해 두는 건 기본이고
배설물에서 나오는 가스로 밥을 짓는다고 하니 놀라울 뿐이다.
우리는 왜 진작 그런 생각을 하지 못했을까?
태양이나 바람은 누구나 쓸 수 있는 거잖아.
일찍부터 우리도 이런 방법을 알았다면
에너지가 바닥나는 일은 없었을 텐데.

🌱 에너지가 정말 바닥날 때가 오나요?

지금 우리가 사용하고 있는 에너지의 대부분은 석유나 석탄이에요. 하지만 이런 물질은 타는 과정에서 각종 공해 물질을 배출한답니다. 게다가 석유나 석탄같이 쓰고 나면 없어지는 에너지원은 40년 후면 고갈될 거라고 해요. 그렇게 되면 컴퓨터 전원은 어떤 에너지로 켜야 할까요? 또 자동차는 뭘로 움직일 수 있을까요?

🌱 어떤 에너지를 만들어 써야 할까?

앞으로 우리가 관심을 기울여야 할 에너지는 바로 청정 에너지예요. 환경이 오염되지 않고, 공해의 정도가 적은 자연 에너지를 말하죠.

청정 에너지는 새로운 것이 아니에요. 우리가 관심을 갖지 않았을 뿐 늘 함께 있던 것들이랍니다. 바로 태양, 바람, 수소, 물, 지열 같은 것들이지요. 하지만 아쉽게도 이런 에너지원은 자연의 제약을 많이 받기 때문에 실생활에서 활발하게 사용되려면 좀 더 많은 실험과 연구가 필요해요.

① 태양 에너지는 햇빛을 저장해서 에너지를 일으켜요. 하지만 날씨에 제약을 많이 받죠.

② 풍력 에너지는 바람이 많은 지역에서 활용이 가능해요. 바람이 많은 나라 네덜란드에서 풍차를 이용한 풍력 발전이 많은 것도 그런 이유랍니다.

③ 밀물과 썰물의 차이를 발전에 이용하는 형태가 조력이에요. 하지만 지형적인 특징을 갖추어야만 사용할 수 있어요.

④ 지열은 땅에서 발생되는 열, 천연 증기, 뜨거운 물 등을 이용하는 방법이에요. 나라마다 지열의 활용이 꾸준히 증가하고 있어요. 또 화산 활동이 활발한 일본에서는 화산의 특징을 이용한 에너지에 대한 조사와 연구가 진행되고 있어요.

⑤ 수소 에너지는 환경적인 제약을 덜 받아요. 이런 이유로 세계 여러 나라에서 수소 에너지를 하루빨리 실용화시키려고 활발히 연구를 하고 있답니다. 수소는 물

을 전기 분해해서 가장 쉽게 제조할 수 있어요. 사용된 물은 당연히 재활용되지요. 하지만 순수 수소 형태로 분리하는 일은 쉬운 일이 아니랍니다. 게다가 장치를 설치하는 데 비용도 많이 들고, 잘 폭발하기 때문에 아직 효율적이라고 할 수는 없지요. 그래도 이 경제적인 문제를 해결할 수만 있다면 수소 에너지는 최고로 깨끗하고 많은 양을 만들어 낼 수 있는 에너지원이 될 거예요.

우리가 꿈꾸는 무공해 마을

강원도의 한 동네에서는 작지만 의미 있는 에너지 혁명이 일어났어요. 가축의 분뇨에서 얻어진 메탄 가스로 밥을 짓고, 바람에서 얻은 풍력 에너지로 가로등을 켜요. 그리고 낮에 데워졌던 땅의 열을 에너지로 만들어 물을 데우는 데 이용하지요. 게다가 집들은 모두 태양광 시설을 갖춘 '태양열 집'이랍니다.

태양열 집

방사능이 무시무시한 거라고?

"불쌍한 내 아기."

엄마 돼지는 아기 돼지 잭을 보며 눈물을 뚝뚝 흘렸어요. 부지런히 젖을 빠는 다른 돼지들과는 달리 잭은 엄마 젖을 빨리 찾지 못했어요. 열 마리도 넘는 아기 돼지들이 엄마 젖을 향해 열심히 달려갈 때면 늘 잭 혼자 넘어지곤 했지요.

잭은 태어날 때부터 한쪽 눈을 뜨지 못했어요. 그래서 다른 돼지들처럼 균형을 잡고 뛰어가는 일조차 아주 힘들었답니다. 잭은 늘 꼴찌였어요. 엄마 젖 차지하기, 꿀꿀이 죽 먹기, 목욕하기 등 형제들이 모두 끝내고 나야 잭의 몫이 돌아왔죠.

'왜 나는 이렇게 생겼지?'

잭은 거울에 비친 자기 모습을 보며 고개를 갸우뚱거렸어요. 흉측하게 툭 튀어나온 눈, 게다가 한쪽 눈은 늘 감은 상태였죠. 잭은 엄마에게 물었어요.

"엄마, 나는 왜 형제들과 다르게 생긴 거죠? 나는 잘 달리지도 못하고, 눈은 너무 나빠서 잘 보이지도 않아요."

엄마는 그럴 때마다 어린 잭이 가여워 견딜 수

가 없었어요. 엄마는 잭을 꼭 안아 주며 말했어요.

"잭, 엄마가 널 이렇게 낳았구나. 하지만 엄마를 너무 미워하지는 말아 줄래? 엄마도 어찌할 수가 없었단다. 그 일만 일어나지 않았어도."

그 일은 바로 잭이 태어나기 전 마을에서 일어난 '원자력 발전소 폭발 사고'였어요. 원자력 발전소는 핵을 이용해 에너지를 생산하는 곳이랍니다.

그날도 발전소 직원들이 여러 가지 장치를 시험하고 있었어요. 그런데 그때였어요.

"갑자기 왜 이러지? 원자로 4번이 점점 느려지고 있어요."

"느려지고 있다니 그게 말이 돼? 어서 긴급 장치를 사용해 우선 작동을 멈춰!"

"이상합니다. 멈춤 장치가 말을 듣지 않아요!"

순간 발전소 기계에 엄청난 이상이 생겼다는 걸 직감했어요. 직원들은 더 이상 그 자리에 있을 수가 없었어요. 원자로 장치가 엄청난 화학 반응을 일으켜 금세 폭발할지도 모르니까요.

"다들 대피해! 원자로가 폭발할지도 몰라!"

그리고 얼마 후, 끔찍한 상상은 현실이 되고 말았어요. 순식간에 대단한 위력으로 폭발하기 시작한 원자력 발전소는 수많은 건물들을 무너뜨리며 하늘로 치솟았어요. 발전소 안에 있던 방사능 물질은 그대로 공기 중으로 흩어져 버렸죠.

그때까지만 해도 방사능의 위험이 어느 정도인지 누구도 깨닫지 못했어요.

"휴, 다행이다."

모두들 살아 남은 것을 행운으로 여겼어요. 하지만 방사능의 엄청난 재앙은 곧 하나둘씩 드러나기 시작했어요.

"내 몸이 점점 이상해지고 있는 것 같아요. 보세요. 내 나이는 이제 겨우 스무 살인데 얼굴은 벌써 이렇게 늙어 버렸다고요."

"나는 그날 이후로 잠을 잘 수가 없어요. 늘 머리가 깨질 것처럼 아파서 아무것도 할 수가 없어요."

당시 조금이라도 방사능에 노출되었던 사람들은 온갖 질병에 시달리기 시작했어요.

그뿐만이 아니에요. 사고가 있었던 주변 숲에서는 더 이상 나무가 자라지 않았어요. 하늘로 올라간 방사능이 빗물에 섞여 다시 땅속으로 스며들어 식물들을 죽게 만든 거예요.

순식간에 평화롭던 마을은 죽음의 땅이 되어 버리고 말았어요. 그때의 악몽이 떠오르는지 엄마 돼지는 몸서리를 쳤어요.

"그날 이후로 얼마나 두려웠는지 몰라. 사건이 있고 얼마 지나지 않아서 옆집의 말 아주머니가 다리가 이상한 아이를 낳았거든. 결국 엄마도 그때 사고로 널 이렇게……."

엄마의 눈에 눈물이 그렁그렁 맺혔어요. 이번에는 오히려 잭이 엄마를 위로해 주었어요.

"괜찮아요, 엄마. 그 때문에 난 이렇게 다른 형제들보다 엄마 사랑을 더 많이 받고 있잖아요."
잭은 공기 중에 퍼진 방사능의 위력이 정말 대단하다는 생각이 들었어요.
'나도 나중에 커서 아기를 낳으면 어떻게 될까?'
잭은 갑자기 두려운 마음이 들었어요. 잭은 엄마 품에 안겨 기도했어요. 다시는 자기처럼 이상한 돼지가 태어나지 않게 해달라고 말이에요.

🌱 방사능이란?

방사능이란 핵연료에서 나오는 미세한 물질을 말해요. 핵연료는 바로 가장 많은 전력 공급을 하고 있는 원자력 발전에 쓰이고 있답니다. 그러나 핵에서 나오는 엄청난 양의 폐기물은 우리에게 아주 위험한 존재이기도 해요.

핵 폐기물에서 나오는 방사능에 오염되면 순식간에 많은 생명이 목숨을 잃게 되거나 온갖 병에 걸리게 된답니다. 게다가 폐기물의 수명도 길기 때문에 처리하는데 가장 골치 아픈 쓰레기라고 할 수 있어요. 어떤 것은 수백만 년 동안 없어지지 않는다고 하니 그 위력이 대단하죠? 그래서 핵 폐기물은 더더욱 신경 써서 처리해야 해요.

핵 폐기물 처리 시설

🌱 체르노빌 사건

1986년 우크라이나의 체르노빌에서 핵 발전소의 원자로가 폭발했어요. 당시 사망자가 수천 명에다, 방사능에 노출된 사람은 수만 명에 이르렀지요. 하지만 그것으로 끝이 아니었어요. 방사능에 노출된 사람들은 기형아를 낳거나 평생 이상한 질병에 시달렸답니다. 게다가 주변 식물들이 모두 말라 버려 체르노빌은 순식간에 죽음의 도시로 변해 버렸지요. 방사능이 얼마나 무시무시한 것인지 알 수 있는 또 하나의 사건은 바로 1945년 핵폭탄이 일본 히로시마에 떨어진 일이에요. 이

때 수십만 명이 목숨을 잃고, 평생 후유증에 시달렸다고 해요.

핵 폐기물 처리 방법

핵 폐기물은 보통 반감기가 긴 것과 짧은 것으로 분리한 후 처리해요.
(반감기란 방사능의 수명이 반으로 줄어드는 기간을 말해요.)
① 반감기가 짧은 핵 폐기물은 콘크리트 덩어리로 겹겹이 싼 후 방사능을 완전히 차단해 창고에 저장해요.
② '양성자 가속기'라는 기계가 있어요. 이 기계를 이용해 핵 폐기물의 수명을 짧게 만들어요.
③ 폐기물을 유리와 섞어서 녹슬지 않는 통 속에 넣어 땅에 묻는 방법이 있어요. 이런 경우 그 지역에 사는 사람들의 반대에 부딪치기 때문에 어려움이 있지요. 게다가 지하수가 흐르지 않아야 하고 지진의 위험도 없는 땅이어야 하기 때문에 얼마나 오랫동안 관리할 수 있을지는 누구도 장담할 수 없어요.
④ 다 쓴 핵 폐기물에서 우라늄과 플루토늄을 분리해 새로운 연료를 만드는 데 재사용하기도 해요. 과학자들은 핵 폐기물을 재활용하는 기술을 꾸준히 개발하고 있답니다.

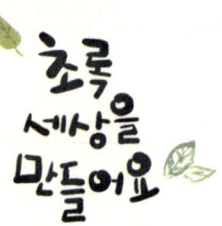

2012년 6월 20일 2판 1쇄 발행
2014년 6월 15일 2판 2쇄 발행

지 은 이 윤희정
그 린 이 김성영
발 행 인 김경석
펴 낸 곳 아이앤북
편   집 우안숙 정애영
디 자 인 김희영
마 케 팅 정윤화 이나현
주   소 서울시 성동구 용답동 233-5
연 락 처 (02)2248-1555 | FAX (02)2243-3433
등   록 제4-449호

ISBN 978-89-97430-09-3 73530

이 책에 실린 모든 내용, 디자인, 이미지, 편집 구성의 저작권은 아이앤북에게 있습니다.
★ 이 책은 《지구야, 괜찮아?》의 개정증보판입니다.

WWW.IANDBOOK.CO.KR

이 도서의 국립중앙도서관 출판시도서목록(CIP)은 e-CIP 홈페이지 (http://www.nl.go.kr/ecip)에서 이용하실 수 있습니다. (CIP 제어번호 : CIP2012002707)